BIBLIOTHÈQUE MORALE

DE

LA JEUNESSE

PUBLIÉE

AVEC APPROBATION

L'ENFANT

DES

MONTAGNES

PAR

Victor SAUQUET

ROUEN

MÉGARD ET Cᵉ, LIBRAIRES-ÉDITEURS

1867

Propriété des Éditeurs.

Les Ouvrages composant **la Bibliothèque morale de la Jeunesse** ont été revus et **admis** par un Comité d'Ecclésiastiques nommé par Son Éminence Monseigneur le Cardinal-Archevêque de Rouen.

L'Ouvrage ayant pour titre : **L'Enfant des Montagnes**, a été lu et admis.

Le Président du Comité,

Picard
Archip. de la Métrop.

AVIS DES ÉDITEURS.

Les Éditeurs de la **Bibliothèque morale de la Jeunesse** ont pris tout à fait au sérieux le titre qu'ils ont choisi pour le donner à cette collection de bons livres. Ils regardent comme une obligation rigoureuse de ne rien négliger pour le justifier dans toute sa signification et toute son étendue.

Aucun livre ne sortira de leurs presses, pour entrer dans cette collection, qu'il n'ait été au préalable lu et examiné attentivement, non-seulement par les Éditeurs, mais encore par les personnes les plus compétentes et les plus éclairées. Pour cet examen, ils auront recours particulièrement à des Ecclésiastiques. C'est à eux, avant tout, qu'est confié le salut de l'Enfance, et, plus que qui que ce soit, ils sont capables de découvrir ce qui, le moins du monde, pourrait offrir quelque danger dans les publications destinées spécialement à la Jeunesse chrétienne.

Aussi tous les Ouvrages composant la **Bibliothèque morale de la Jeunesse** sont-ils revus et approuvés par un Comité d'Ecclésiastiques nommé à cet effet par Son Éminence Monseigneur le Cardinal - Archevêque de Rouen. C'est assez dire que les écoles et les familles chrétiennes trouveront dans notre collection toutes les garanties désirables et que nous ferons tout pour justifier et accroître la confiance dont elle est déjà l'objet.

AVIS AU LECTEUR.

Le récit que nous plaçons sous les yeux de nos jeunes lecteurs est véritable; seulement, comme le personnage principal existe encore, nous avons cru devoir, pour épargner sa modestie, cacher son nom sous le voile du pseudonyme, et déguiser le lieu de sa naissance.

L'ENFANT
DES MONTAGNES.

I.

CHAGRIN DE FAMILLE.

Vers la fin d'octobre de l'année 184., un jeune homme descendait péniblement le sentier tortueux qui mène du lac de Gaube (1) à Cauterets (2). Il était environ trois heures de l'après-midi. Le temps était sombre. D'épais nuages glissaient comme des fantômes le long de la montagne ; le vent gémissait tristement dans les branches des pins étagés au bord des

---

(1) Lac situé à six kilomètres environ de Cauterets, au pied du Vigmale, pic couronné de neiges éternelles.

(2) Bourg du département des Hautes-Pyrénées, renommé par ses eaux thermales.

abîmes. Le tintement de la clochette suspendue au cou du bélier, conducteur d'un troupeau, déchirait l'air par intervalles ; alors notre voyageur s'arrêtait, tressaillait comme s'il eût été saisi d'une étreinte fiévreuse, puis il continuait sa marche.

Arrivé à la source de Mahoura (1), le jeune homme s'assit sur un bloc de granit, surplombant le lit où grondait le gave (2) de Cauterets, et se prit à pleurer.

Sa douleur fut d'abord muette ; de grosses larmes qui sillonnaient ses joues révélaient seules le trouble intérieur qui l'agitait. Mais bientôt le chagrin fit explosion, et des soupirs longtemps comprimés s'échappèrent de sa poitrine. Puis, d'une voix entrecoupée, il s'écria :

— Adieu, mes chères montagnes ! Adieu, mes verdoyantes vallées ! Je vous vois pour la dernière fois ! Adieu, pins chéris ! Votre dôme épais ne me protégera plus contre les ardeurs du soleil, et ne m'abritera plus lorsque le ciel entr'ouvrira ses cataractes pour arroser et féconder la terre ! Adieu, cascade dont tant de fois j'ai admiré les mille arcs-en-ciel ! Humbles fleurs de la montagne, modestement enfouies sous l'herbe, je ne vous cueillerai plus, pour orner l'autel de la Vierge ! Isard, à la robe fauve, ne fuis plus ; aventure-toi sans crainte sur les cimes escarpées ; le plomb n'ira plus t'atteindre sur la roche aérienne d'où tu sembles contempler les richesses que la nature étale à tes pieds ! Je pars. Encore quelques heures, et j'aurai quitté l'humble toit où se sont paisiblement écoulées mes jeunes années ! Encore quelques heures, et j'aurai laissé derrière moi mon vieux père, ma vieille mère, auxquels mon travail assure le repos, le bien-être que, privés de leur enfant,

---

(1) Source que l'on rencontre en gravissant le contre-fort qui sépare Cauterets du lac de Gaube.

(2) On donne, dans les Pyrénées, le nom générique de gave aux torrents formés par la fonte des neiges.

ils ne trouveront pas désormais ; car l'âge et les labeurs ont épuisé leurs forces!

Et de nouvelles larmes inondèrent le visage du jeune homme.

Cependant il parut se calmer par degrés, tant il est vrai que la plus vive douleur a ses limites, et il reprit le chemin de Cauterets.

En quelques minutes il eut atteint sa chaumière. Son vieux père était assis sur un banc de bois adossé à la façade de la modeste habitation. Du plus loin que le vieillard aperçut son fils, il s'écria :

— Mathurine, sois tranquille, notre Joseph arrive.

La ménagère, à ces mots, sortit de la chaumière aussi vite que le lui permettaient ses jambes appesanties par les années, et vint recevoir le baiser que déposa tendrement sur son front le fils bien-aimé dont l'absence prolongée lui avait causé une si vive inquiétude. Joseph serra affectueusement la main de son père.... Et tous les trois entrèrent dans la chaumière, où pétillait dans l'âtre un feu de pin allumé par la mère prévoyante pour sécher les habits de Joseph transpercés par le brouillard. Le repas du soir était préparé. La famille prit place autour d'une table de bois, sur laquelle s'étalaient du pain bis, de la bouillie de maïs dont le sel faisait tous les frais, et la pomme de terre obligée, cette providence du pauvre.

Joseph ne toucha pas aux aliments que Mathurine avait placés devant lui. Il était triste, rêveur ; de fréquents soupirs venaient trahir la souffrance morale qu'il essayait vainement de dissimuler.

Mais rien n'échappe à l'œil attentif d'une mère, et déjà la vieille femme avait essuyé du revers de sa main calleuse une larme qui avait mouillé sa paupière. Le vieillard, lui, paraissait n'avoir rien vu. Cependant Mathurine ne put pas tenir longtemps contre la tristesse silencieuse de son fils, et elle hasarda timidement :

— Tu ne manges pas, Joseph ; tu es malade ?

— Je.... ne souffre.... pas..., mère..., et.... je.... mange.... de.... bon.... appétit.

— Cher enfant, tu as du chagrin, et tu te caches de ta mère !

Et Mathurine, donnant un libre cours à sa douleur, se prit à verser d'abondantes larmes.

Le vieillard, jusque-là étranger en apparence à ce qui se passait autour de lui, porta alternativement les yeux sur Mathurine et sur son fils, et la fermeté qu'il affectait depuis le commencement du repas fut sur le point de l'abandonner. Cependant, maîtrisant son émotion, il parvint à composer son visage.

— Tu as reçu de fâcheuses nouvelles, Joseph ?

— Mon père !

— Ne cherche pas à me le cacher plus longtemps : tu m'affligerais.

— Ne m'en voulez pas. Je redoute tant de vous attrister.

— Allons, Joseph, parle, je te l'ordonne.

— Eh bien ! mon père, le garde-champêtre m'a remis aujourd'hui ma feuille de route ; je suis désigné pour un régiment cantonné en Afrique, et il me faudra partir demain.

Le visage du père de Joseph se contracta douloureusement ; mais ce ne fut qu'un éclair ; faisant un violent effort sur lui-même, il put répondre de sa voix la plus naturelle :

— Tu soulages mon cœur d'un bien lourd fardeau ! Je ne savais que penser du désespoir de ta mère. Je redoutais presque que le déshonneur n'entrât dans notre chaumière. Il n'en est pas ainsi, et j'en rends grâce à Dieu.

Et, se tournant vers Mathurine, dont les larmes continuaient à couler :

— Allons, femme, du courage. Accepte sans murmurer l'épreuve que nous envoie la Providence. D'ailleurs, cette séparation ne sera pas éternelle, et notre Joseph nous reviendra sain et sauf. Le bon Dieu ne voudra pas nous en priver ; il sait que nous avons besoin de notre enfant. Quant à toi, Joseph, je te blâme de ton peu de résignation, de ton manque de courage. Oublies-tu que si tu es mon fils, tu es l'enfant de la France, et que si la patrie, notre mère commune, réclame ta présence sous les drapeaux, tu dois répondre avec empressement à son appel, que tu dois lui faire le sacrifice de tes affections, de ta vie même ?

— Je vous ai grandement offensé, mon père, car vous m'adressez de bien dures paroles. Si j'ai manqué au respect que vous êtes en droit d'attendre de votre enfant, ç'a été bien involontairement, je vous assure. J'ai beau m'interroger, je ne me rappelle aucune circonstance qui puisse vous faire douter de la profonde vénération que je n'ai cessé un seul instant d'avoir pour vous. Comment pouvez-vous croire, père chéri, que je sois lâche, parce que mon cœur se serre à l'idée de m'éloigner de vous ? Avez-vous dans la pensée que l'appréhension seule du danger m'arrache des larmes ? Et pourtant plus d'une fois vous m'avez vu calme et froid dans le péril. Plus d'une fois j'ai eu à lutter contre deux redoutables ennemis de nos montagnes, l'ours et les avalanches, et vous m'avez dit, en m'encourageant du regard : « Bien, Joseph, bien ! Je suis content de toi. » Non, mon père, non, j'en prends le ciel à témoin, vous n'avez pas à rougir de votre Joseph. Je ne pleure pas parce que j'ai peur pour moi ; mais j'ai peur pour vous, pour ma bonne vieille mère ! Je tremble que mon absence n'amène les privations dans la chaumière. Sans moi, pourrez-vous pourvoir à vos besoins ? Serez-vous contraints, vétérans du travail, de demander à la charité publique votre existence de chaque jour, alors que votre fils arrosera de ses sueurs, et peut-être de son sang, la terre d'Afrique ? Et si les infirmités de la vieillesse viennent à vous atteindre, qui vous soignera, qui vous soulagera ?

— Qui nous soignera, qui nous soulagera, mon enfant ? Le Maître de l'univers n'abandonne point sa créature. Les plus chétifs des êtres ont part à sa constante prévoyance, et tu voudrais que l'homme, cet enfant de Dieu, fût moins bien partagé que la brute ! Sois tranquille, comme je le suis moi-même, mon Joseph ; bannis de ton esprit toute inquiétude. Mets ta confiance en celui que le malheureux n'invoque jamais en vain ; et surtout garde-toi de douter de la divine Providence : ce doute nous porterait malheur à tous. Quitte en paix nos paisibles montagnes ; ton vieux père, ta vieille mère ont vécu jusque-là de leurs labeurs, et le travail ne leur manquera pas. Il se fait tard. Demain tu auras une longue route à faire. Va réparer par le sommeil tes forces qu'ont épuisées de douloureuses émotions. Mais avant d'aller goûter le repos qui t'est si nécessaire, prions une dernière fois en commun.

Alors Mathurine, qui avait séché ses larmes, réconfortée par la pieuse résignation de son mari, s'agenouilla devant un crucifix de bois surmonté de buis bénit, et près d'elle se placèrent Joseph et son père.

Pendant quelques instants le plus profond silence régna dans la chaumière. Ces trois cœurs si étroitement unis priaient avec ferveur, agités de mouvements divers. Puis une voix grave et solennelle vint rompre ce silence. C'était le vieillard qui disait :

« Mon Dieu, je remets entre vos mains l'enfant qui faisait la consolation, la joie de mes dernières années. Prenez-le sous votre protection, mon Dieu ! Que vos anges l'accompagnent. Que la pratique du bien soit son unique ambition. Faites, mon Dieu, faites qu'il observe toujours vos saintes lois. Et s'il devait faire le mal, qu'il quitte plutôt cette terre. Vous me l'aviez donné, mon Dieu, ce fils, au déclin de mes jours vous me l'ôtez, que votre saint nom soit béni! »

Cette courte prière achevée, Joseph embrassa avec effusion son père et sa mère, et gagna la soupente où était placée sa modeste couchette. Mathurine et son mari s'entretinrent encore quelques instants à voix basse, et un peu plus tard tous dormaient dans l'humble demeure.

II.

LE DÉVOUEMENT.

Bien longtemps avant le jour, Mathurine s'était levée pour préparer le déjeuner de Joseph, et pour donner un dernier coup d'œil au havre-sac qui contenait les hardes du jeune conscrit et y glisser à la dérobée quelques pièces de monnaie précieusement mises en réserve pour les grandes occasions. La bonne mère ne pensait pas pouvoir mieux utiliser son petit trésor.

Joseph et le vieillard, qui avaient dormi de ce sommeil que procure la paix de la conscience, avaient été debout presque aussitôt que la ménagère. Ils étaient résignés, sinon consolés.

Joseph voulait partir aussitôt; il avait à faire une longue étape. Mais, malgré ses instances, il dut en passer par ce qu'avait décidé Mathurine. Aussi, pour ne pas attrister sa mère, s'étudia-t-il à faire honneur au potage préparé avec tant de sollicitude.

Le repas matinal terminé, le jeune soldat quitta la chaumière avec son père et sa mère, qui voulaient l'accompagner *un petit bout de chemin*, pour lui adresser leurs dernières recommandations, et aussi pour reculer le plus possible le moment d'une séparation si cruelle. Joseph, en franchissant le seuil de la cabane, se sentit froid au cœur; mais pour épargner un nouveau chagrin aux auteurs de ses jours, il supporta avec fermeté cette dernière épreuve.

Le jour était venu, et la vallée, les prairies, les cimes neigeuses des monts semblaient s'être parées pour laisser un souvenir agréable dans l'esprit du jeune soldat.

Les gouttes de rosée, saisies par le froid de la nuit, s'étaient fixées aux branches des pins, aux brins d'herbes, sur le chaume des cabanes, et étincelaient de mille feux; on eût dit une mer de diamants sur un immense tapis d'émeraudes. Les ruisseaux murmuraient leur mélancolique harmonie, que les torrents accompagnaient de leur puissante voix. Les rayons du soleil, se jouant sur la neige, la nuançaient de mille reflets; et les cascades, épanchant leurs ondes en nappes diaphanes, revêtaient les brillantes couleurs du prisme. Les taureaux, les génisses abandonnant leur étable, les brebis leur parc, saluaient la présence de l'astre du jour, en bondissant et en mêlant leurs cris divers à tous ces bruits qui couraient de la vallée au sommet de la montagne. Et les chevriers, chassant devant eux leurs indociles troupeaux, jetaient leurs mâles accents dans ce formidable concert de la nature. Tous, êtres animés et êtres inanimés, semblaient chanter un hymne imposant à la louange du souverain créateur de toutes choses!

Cependant nos trois voyageurs avaient laissé bien loin derrière eux la chaumière, dont le toit se distinguait à peine. Il fallait se séparer, se dire adieu.... peut-être pour toujours. Joseph jetait un regard de tendresse et de douleur sur Mathurine, sur son père.

Soudain, au détour d'un sentier s'enfonçant dans une gorge profonde, se présente un robuste montagnard, coiffé du béret traditionnel et armé de ce bâton ferré auquel a dû plus d'une fois la vie le hardi chasseur s'aventurant sur les glaciers. Le nouveau venu avait un air franc et ouvert qui prévenait tout d'abord en sa faveur.

Dès qu'il vit Joseph, il s'écria gaîment :

— Où allons-nous donc si matin, intrépide braconnier?

Et, apercevant Mathurine et son mari que lui avait cachés un pli de terrain :

— Et vous aussi ! Pardieu, c'en est d'une autre ! Vous de la partie ! Monseigneur l'ours n'aura qu'à se bien tenir, il aura affaire à partie ! Et maître Joseph, avec ce respectable renfort, sera invulnérable et invincible !

Le montagnard ne reçut pas de réponse.

Inquiet, il s'approcha de nos personnages; et, lisant la tristesse empreinte sur leurs traits :

— Pardon, mes amis, pardon pour ma plaisanterie inconsidérée; je ne connaissais pas le motif d'une promenade si peu dans les habitudes de ton père et de ta mère, Joseph !... Mais vous paraissez affligés, vous avez du chagrin.... Y aurait-il de l'indiscrétion à vous en demander la cause ? Que signifie ce havre-sac ? Quittes-tu le pays, Joseph ?

— Oui, mon cher Julien.

— Ce n'est pas possible !

— Mon Dieu, si.

— Allons, c'est pour rire ce que tu dis là. Tu vas probablement visiter quelqu'un de ta famille de l'autre côté de Tarbes, et tes parents, dont tu ne t'es pas éloigné un seul jour, éprouvent de la peine de cette séparation de courte durée? Et c'est bien naturel après tout.

— Non, Julien, non. Je ne vais pas dans les environs de Tarbes, je me rends en Afrique.

— En Afrique! Ah çà, qu'est-ce que j'entends? Décidément tu as fait un mauvais rêve. Mais, Mathurine, dites-moi donc que ce que m'affirme Joseph n'est pas vrai.

La vieille femme, pour toute réponse, se mit à sangloter.

— Voyons, mes amis, m'expliquerez-vous cette énigme? Que s'est-il passé entre vous depuis mon départ de ces contrées? Car il y a près d'une année que je demeure à Lourdes; pendant tout ce temps je ne suis venu à Cauterets qu'une ou deux fois; et comme j'étais pressé, je n'ai pas pu vous voir. Pourquoi Joseph abandonne-t-il son vieux père et sa vieille mère? Que va-t-il faire en Afrique? Chercher fortune peut-être? Mais Joseph est donc devenu ambitieux? Il a bien changé en quelques mois. Vous ne me dites rien? Mais ce projet est donc bien enraciné dans ton esprit, Joseph? Et pourtant tu ne peux pas partir.

— Rester à Cauterets plus longtemps ne m'est pas possible, Julien.

— M'en diras-tu enfin la raison?

— Je suis soldat.

— Soldat! C'est vrai. Je n'y avais pas pensé. En effet, tu as vingt ans révolus depuis la Noël dernière, et *tu as mis la main au sac*. Quel numéro as-tu amené?

— Cinq.

— Tu n'as pas eu de chance tout de même. J'ai été plus heureux que toi. Mais la fortune n'en fait jamais d'autre. Le dernier numéro du contingent m'est échu en partage, à moi qui n'en avais pas besoin; car j'étais exempt du service militaire en ma qualité de fils de femme veuve.

— Et comment se porte votre mère? demanda le vieillard. Nous l'avons beaucoup connue, beaucoup aimée, la bonne femme; elle était notre voisine.

— Elle n'est plus de ce monde. Dieu ait son âme!

Et le visage de Julien, tout à l'heure si gai, s'assombrit subitement. Il resta une ou deux minutes absorbé dans de tristes pensées, puis il reprit:

— Je n'ai plus de famille. Je suis seul au monde.

— Tes amis, les comptes-tu pour rien?

— Pardon, mon cher Joseph, la douleur rend injuste. Je sais qu'il y a encore de bons cœurs qui s'intéressent à moi; et toi, ton père, ta mère, vous êtes de ce nombre. Mais j'aimais tant ma mère! Aussi, lorsque ma pensée s'arrête à la perte irréparable que j'ai faite, je me sens tout découragé; le travail n'a plus pour moi d'attraits; toute occupation me fatigue, m'irrite; j'éprouve un amer plaisir à entretenir ma douleur par de sombres et décevantes réflexions, par un retour vers un passé qui ne m'offre que des images riantes, chimère trompeuse et séduisante qui me rend plus affreuse la triste réalité!

— Pauvre Julien, je te plains de tout mon cœur. Je prends une large part à ta peine. Je n'essaie pas de te consoler: on ne se console pas de la perte d'une mère. Je ne puis que t'exhorter à la résignation. Tu le sais comme nous, la vie n'est qu'une vallée de larmes; souffrir et mourir, c'est la devise de l'humanité.

— Ah! oui, ami, la souffrance est notre lot. Et ta famille n'échappe pas au sort commun. Ainsi, ton père et ta mère, après de longues années d'un travail assidu et de privations de toute sorte, entrevoyaient l'aurore de jours plus calmes et plus heureux. Comptant sur toi, ils se reposaient en espérance des fatigues d'une vie si laborieuse, et voilà qu'un caprice du hasard vient faire évanouir ces projets d'avenir et de bonheur qu'ils avaient d'autant plus caressés, qu'ils avaient plus souffert. Et dire qu'un bon numéro vous épargnait à tous les trois tant d'angoisses! Que n'as-tu été le favorisé dans cette loterie, où pour beaucoup la vie est souvent l'enjeu! Que j'eusse été pris, moi, cela se concevait; car en partant je ne compromettais l'existence de personne.... Mais il me vient une idée.... Si nous corrigions l'erreur de la fortune; si je prenais ta place, Joseph; qu'en dis-tu? Ce serait lui jouer un bon tour; cela lui apprendrait à être plus clairvoyante à l'avenir, et à distribuer ses faveurs avec plus de discernement.

— Vous voulez vous gausser de nous, dit bien bas Mathurine, dont les joues flétries se colorèrent d'un vif éclat à cette espérance inattendue.

— Julien ne plaisante pas, repartit le vieillard; il sait que se rire de notre douleur serait mal. Julien a bien l'intention de faire ce qu'il dit. Seulement nous ne pouvons pas accepter.

— Pourrait-on connaître le motif de ce refus? reprit le généreux montagnard.

— Parce que, répondit le père de Joseph, je ne souffrirai jamais qu'un si noble sacrifice s'accomplisse.

— Parce que, s'écria à son tour Joseph, je ne veux pas qu'un autre paie pour moi la dette sacrée que j'ai contractée envers la patrie.

— Sentiments sublimes! C'est du Corneille tout pur, n'aurait pas manqué de dire le vénérable curé de Cauterets, mon zélé précepteur. Paroles dignes de tout point du vieil Horace! Tout ça c'est très-beau, assurément, mes bons amis. Mais les grands mots ne sont à leur place que dans les livres; dans le commerce ordinaire de la vie, avec les effets tragiques on ne fait rien qui vaille. Voyons, raisonnons, là un peu de sang-froid. Vous me faites, toi et ton père, Joseph, une mine peu encourageante. Il n'y a que Mathurine qui me comprenne. Écoutez-moi néanmoins. A toi, Joseph, d'abord. Quel est le premier devoir d'un bon fils? De nourrir dans leur vieillesse son père et sa mère, qui lui ont prodigué tant de soins dans ses tendres années; qui ont assuré ses pas chancelants, formé son jeune cœur, initié son intelligence naissante aux grandes vérités de la religion ; qui, pour lui faire l'enfance heureuse, se sont bien souvent privés du nécessaire, et qui, afin que le chagrin ne creusât pas un sillon sur son front si serein, ont mis plus d'une fois le sourire sur leurs lèvres, alors que la tristesse était au fond de leurs cœurs ! Tu as contracté une obligation étroite envers les auteurs de tes jours, mon ami ; tu le reconnais avec moi. Persister dans ton refus, ce serait te soustraire à cette obligation. A vous, vieillard vertueux, mais exagéré dans votre probité. Si votre fils a de graves devoirs à remplir envers vous, envers sa mère, vous n'êtes pas moins tenu à l'égard de Mathurine. Si Joseph est fils, vous êtes époux ; et vous vous rendriez coupable aux yeux de Dieu en compromettant, par un excès de délicatesse, que j'honore sans toutefois l'approuver, l'existence de la compagne, votre amie désintéressée dans vos joies, votre ange consolateur dans vos tribulations. Car enfin, de bonne foi, pensez-vous trouver désormais dans votre travail des ressources suffisantes pour assurer le bien-être de Mathurine? Avez-vous bien réfléchi que ce ne sera plus maintenant comme il y a quelque vingt années ? Vous n'êtes plus à l'été, ni même à l'automne de la vie. Les infirmités, compagnes inséparables de la vieillesse, peuvent, d'un jour à l'autre, vous enlever le reste de vos forces ; que vous restera-t-il alors ? Le désir et l'impuissance d'accomplir jusqu'au bout votre tâche, et le regret tardif d'avoir repoussé la main amie qui vous venait en aide. Allons, pas de fausse honte. Acceptez simplement ce que je vous propose. Et vous le pouvez d'autant mieux, que dans cette affaire je demeurerai votre débiteur, votre obligé, puisque vous m'aurez fourni l'occasion de faire quelque chose d'agréable à ma mère ! Je suis sûr qu'elle nous entend, qu'elle m'approuve et qu'elle désavoue votre obstination. Ainsi tout est pour le mieux. Joseph restera au village, et moi j'irai grossir le nombre des défenseurs de la France et guerroyer contre messieurs les Bédouins. Touchez là, bon vieillard; touche là, Joseph; et c'est décidé; la bonne Mathurine m'accorde du regard son consentement.

Joseph et son père essayèrent encore de résister; mais les craintes que leur faisait concevoir la santé chancelante de Mathurine plaidaient beaucoup en faveur de Julien; et ce dernier mettait dans son dévouement tant de franchise, tant d'abandon, et aussi tant d'entraînement, qu'ils se trouvèrent surpris d'avoir touché la main du jeune montagnard en signe d'adhésion.

— C'est donc arrêté, s'écria Julien tout joyeux. Mais ce n'a pas été sans peine. Avez-vous été durs à convaincre? A présent, opérons un mouvement de conversion, et en route pour Cauterets.

Nos trois personnages, naguère si tristes, revinrent sur leurs pas en compagnie de Julien. On se rendit tout droit à la mairie, et l'officier municipal rédigea incontinent l'acte de remplacement. Cette formalité remplie, Julien embrassa cordialement ceux dont il se proclamait généreusement l'obligé, et, pour se soustraire aux pressants témoignages de leur reconnaissance, il alla le même soir prendre gîte à Tarbes.

III.

SUITES HEUREUSES D'UN COUP DE BATON.

Le lendemain de ce jour si fertile en émotions, Julien se rendit de bonne heure à l'église métropolitaine de Tarbes. Notre héros, avant de dire un éternel adieu à ses montagnes, dont les sommets blanchâtres, noyés dans les vapeurs du matin, semblaient lui sourire une dernière fois, avait voulu invoquer le Tout-Puissant et se mettre sous la protection de la Mère du Sauveur, à laquelle le montagnard avait voué un culte fervent.

A ce propos, on nous permettra de donner quelques détails sur la jeunesse de Julien.

Né de parents pauvres, mais honnêtes et pieux, comme on l'est d'ordinaire dans ces régions montagneuses de notre France, Julien avait d'abord été pâtre, profession obligée des enfants des montagnes. D'une humeur contemplative et aimante, le jeune berger, en faisant paître son troupeau, avait appris à lire dans le grand livre de la nature, et, puisant à cette source de toute vérité une foi naïve et profonde, il avait acquis une piété solide qui ne devait l'abandonner dans aucune circonstance de sa vie.

Lors de sa première communion, il fut remarqué par le vénérable curé de Cauterets. Julien, en recevant l'eucharistie, avait montré qu'il comprenait toute la sainteté du sacrement qui lui était conféré pour la première fois.

Aussi, à partir de ce jour, se nouèrent entre le pasteur et le néophyte les liens d'une amitié à toute épreuve.

Le bon curé voulut cultiver cette intelligence, instinctivement disposée à ces aspirations généreuses que font naître le bien et le beau. Il fut convenu entre le vénérable ecclésiastique et les parents de Julien que leur enfant viendrait, chaque jour, au presbytère, étudier une heure. Seulement le père mit pour condition à cette faveur un redoublement de zèle dans les travaux quotidiens de la ferme et une vigilance plus active dans les soins à donner au troupeau ; car le brave homme n'entendait nullement faire de son fils un *monsieur*, et il ne consentait à l'envoyer à l'*école* chez monsieur le curé que pour ne pas faire de la peine *au représentant du bon Dieu :* c'est ainsi que le père de Julien, dans sa foi, qui rappelait celle de la primitive Église, appelait le digne pasteur de Cauterets.

L'adolescent ne trompa les espérances ni de ses parents ni de son précepteur ; il fit de rapides progrès dans les sciences et dans les lettres, tout en conduisant les chèvres au pâturage, en maniant la bêche et la pioche, et en faisant avec la cognée la guerre aux pins.

Les moments les plus favorables pour l'écolier étaient ceux où il gardait le troupeau. Il avait alors le loisir d'étudier. Sa salle d'étude était la pelouse et la voûte des cieux. Celle-là en vaut bien une autre sans doute. Que l'on demande plutôt aux habitués de l'*école buissonnière*. Il est vrai de dire qu'ils n'y sont pas attirés par un désir bien brûlant de feuilleter les classiques. Que d'écoliers, hélas! placés à grands frais dans des maisons d'éducation, ne profitent pas des voies faciles qui leur sont ouvertes pour s'instruire, et n'arrivent pas à en savoir autant que ce petit pâtre, réduit à dérober au plaisir et souvent au sommeil les courts instants qu'il consacrait à ses livres!

Mais un jour vint que Julien dut cesser, à son grand regret, de suivre les leçons du bon curé. L'enfant était devenu un grand jeune homme, et les travaux agricoles réclamaient tout son temps. Ce fut les larmes aux yeux qu'il annonça cette triste nouvelle à son précepteur.

L'homme de Dieu consola Julien et n'eut pas de peine à lui faire entendre qu'il en savait beaucoup plus qu'il ne lui était nécessaire pour faire un bon fermier; ce qui était vrai du reste; car l'élève studieux avait si bien profité de la leçon quotidienne d'une heure, qu'il possédait à merveille les éléments de sa langue et des mathématiques, sans compter des notions d'histoire, de géographie, de littérature et de physique, recueillies dans d'instructives promenades faites avec l'ecclésiastique sur la montagne. Ces connaissances variées, qui devaient être plus tard d'une si grande utilité à notre héros, le mettaient bien au-dessus des autres jeunes gens; aussi avait-il été surnommé *le savant* par ses compagnons, qui toléraient et avouaient franchement sa supériorité, parce que, loin de s'en prévaloir, il ne cherchait qu'à la faire tourner à leur profit.

Julien perdit de bonne heure son père. Improvisé chef de famille à un âge où d'ordinaire on ne songe qu'aux plaisirs, il prit sa position nouvelle au sérieux. Il travailla avec tant d'ardeur, et entoura sa mère de tant de soins, qu'il l'eût conservée à la vie, si la pauvre femme n'avait pas été frappée au cœur par la mort de son mari.

Cette courte digression suffira pour faire connaître le remplaçant de Joseph.

Revenons à présent à la cathédrale de Tarbes. Nous y trouvons Julien pieusement agenouillé devant le grand autel, et adressant à Dieu du fond du cœur une de ces ferventes prières que Dieu aime à exaucer. Le jeune homme ne demande pas les richesses; il ne demande pas non plus la gloire. Que demande-t-il donc avec tant d'instance, avec tant de confiance, au bon Dieu? Il supplie le Tout-Puissant de lui accorder la grâce d'être toujours vertueux, de conserver la foi, et d'accomplir sans murmurer ses devoirs de soldat.

Cette invocation fut renouvelée avec un redoublement de dévotion devant l'image de la Vierge; et les yeux attachés sur la Mère du Sauveur, le montagnard laisse échapper de ses lèvres cette prière simple et touchante :

« Vierge sainte, qui avez enfanté le Rédempteur du genre humain, daignez prendre sous votre protection un de vos indignes serviteurs. Vous êtes bonne, vous êtes compatissante, vous êtes la consolatrice des affligés, l'avocate des pécheurs; jetez sur moi un regard favorable. Vous vous plaisez à habiter dans les cœurs purs et chastes, sainte Mère de Dieu, conservez-moi chaste et pur. Vous avez écrasé la tête du serpent, anéanti l'esprit du mal; détruisez en moi tout ce qui déplaît à votre divin Fils et rendez-moi digne des récompenses éternelles réservées aux élus! Dans la carrière que j'embrasse, je vais courir bien des dangers. Si ma vie est nécessaire à ma patrie, j'en fais dès à présent le sacrifice. Mais que ma mort tourne à la gloire de Dieu et à l'avantage de la France! »

L'esprit tranquille après l'accomplissement de ce devoir religieux, Julien sortit de l'église. Une heure devait s'écouler avant l'ouverture des bureaux de la sous-intendance, où il avait à faire viser sa feuille de route. Il en profita pour explorer les environs de Tarbes, tant vantés, et à juste titre, par les touristes. Il traversa la place Maubourguet, plantée d'ormes séculaires tordus par la bise soufflant des Pyrénées, dont on aperçoit, de ce point, les pics sourcilleux ; prit par la rue de la Poste, et déboucha bientôt dans une prairie arrosée par l'Adour (1). Il suivait le cours sinueux de ce fleuve en miniature ; il contemplait ces ondes transparentes murmurant faiblement sous un rideau de feuilles jaunies par l'aquilon, et se demandait par quel caprice de la nature ce mince filet d'eau finissait par se creuser un lit assez profond pour former le port important de Bayonne, image fidèle de la grandeur humaine dont les commencements sont souvent plus qu'humbles, lorsqu'il fut tout à coup arraché à sa contemplation par un cri déchirant parti d'un massif peu éloigné.

Julien, sans hésiter, se jeta dans la direction d'où venait cet énergique appel. On souffrait, on avait droit à son assistance.

En une minute il eut franchi l'espace qui le séparait du massif, et se trouva en présence de deux hommes engagés dans une lutte inégale. L'un des combattants était armé d'un énorme bâton et essayait d'en frapper l'autre, déjà grièvement blessé à la tête et parant de la main, car il n'avait rien pour se défendre, les coups vigoureux portés par son antagoniste.

Ce guet-apens aurait eu pour résultat la mort d'un homme, si Julien ne se fût trouvé là fort à propos. Se jeter entre les deux champions et faire un rempart de son corps au plus

---

(1) Fleuve qui sort des Pyrénées, traverse la vallée de Campan, arrose Bagnères-de-Bigorre, Tarbes, Aire, Saint-Sever, Dax, et tombe dans le golfe de Gascogne, à Bayonne.

faible, fut aussitôt exécuté que conçu. Cet acte de courage sauva la vie à l'homme privé de défense ; car, à bout de forces, il ne tentait même plus de résister, et allait recevoir sur le crâne le formidable gourdin qui s'abattit pesamment sur le bras du montagnard.

— Corbleu! mon camarade, vous n'y allez pas de main morte. Me prenez-vous pour un bœuf?

Et, arrachant à l'agresseur son dangereux instrument, Julien se mit en devoir de lui infliger la peine du talion.

Mais l'assassin désarmé avait senti la vigoureuse étreinte d'un poignet de fer. Il comprit qu'il était vaincu. Il se mit en posture de suppliant, et demanda grâce d'un ton si grotesque et en même temps si ébahi, que le montagnard sentit évanouir sa colère et se mit à rire aux éclats, en disant :

— Quelle drôle de figure vous faites, citoyen Tape-Dur! Vous avez l'air penaud comme un renard pris au piége. Méchant et couard, c'est tout un !

— Mon bon monsieur, je n'ai pas plus de méchanceté que l'enfant qui vient de naître.

— Il y paraît bien. A preuve l'exercice *modéré* auquel vous venez de vous livrer à l'endroit du cuir chevelu de monsieur. Vous ne vouliez pas lui faire de mal ; histoire seulement d'expérimenter la solidité de sa tête. Vous êtes, je gage, disciple d'Hippocrate, et vous cherchez sans nul doute le degré de résistance que peut offrir à un corps contondant la boîte cranienne. Nous saurons si cette recherche scientifique est du goût de dame Justice. En attendant, malencontreux Esculape, aidez-moi à panser la blessure que vous avez faite.

Alors Julien, assisté de celui qu'il gratifiait de l'épithète peu obligeante de Tape-Dur, conduisit le blessé au bord de l'Adour. La plaie fut soigneusement lavée et bandée. Pendant cette courte opération, le jovial montagnard ne put s'empêcher d'adresser à son *aide* une épigramme.

— Vous ne vous doutez pas, docteur Barbaro, que vous tirez en ce moment à boulets rouges sur la Faculté de médecine. Moi qui m'y connais, je vous déclare dûment atteint et convaincu d'homœopathie. Et je vous mets au défi de nier le fait, à moins qu'il ne vous prenne fantaisie de mentir à ma barbe. N'est-ce pas votre main qui est la cause efficiente du mal et de la guérison?

Cette boutade arracha un sourire au blessé.

— Maintenant que vous vous sentez mieux, poursuivit le montagnard en s'adressant à ce dernier, je vous conseille de regagner votre domicile. Je vous y reconduirai, et monsieur Tape-Dur sera assez bon pour venir avec nous. D'ailleurs, s'il manifestait de la mauvaise volonté....

Ces paroles furent accompagnées d'un geste tellement significatif, que l'homme au coup de bâton jugea prudent d'obéir sans répliquer.

Tous les trois prirent donc la direction de la ville. Arrivés à la mairie, l'assassin fut remis aux mains du commissaire de police, après une déposition préalable. Et quelques instants après, le blessé et son compagnon entraient dans une maison de la rue de Vic.

Aussitôt que le blessé eut été confortablement installé dans un fauteuil, et que le pansement fait à la hâte sur les rives de l'Adour eut été renouvelé, le montagnard fut interpellé en ces termes:

— A nous deux à présent, mon généreux défenseur! A qui dois-je la conservation de mes jours? En d'autres termes, qui êtes-vous? C'est bien le moins que je sache le nom de l'homme courageux pour lequel je conserverai une éternelle reconnaissance.

— On me nomme Julien, monsieur.

— Quelle contrée vous a vu naître?

— Ce pays, monsieur. Je suis de Cauterets.

— Ah! vous êtes des montagnes! J'aurais dû m'en douter. Cela m'explique votre intervention opportune. Tête prompte, bon cœur, bras vigoureux : c'est la devise du montagnard. Vous avez vos parents?

— Ils ne sont plus, monsieur!

— Pauvre jeune homme! Combien je suis désolé d'avoir réveillé un douloureux souvenir!... Et votre profession?

— Autrefois j'étais pâtre, cultivateur; aujourd'hui....

— Aujourd'hui?

— Je sers mon pays. Je suis soldat.

— Tant mieux. Je pourrai plus facilement acquitter envers vous ma dette de reconnaissance. Vous êtes en congé alors? car à votre costume.....

— Pardon, monsieur, j'ai quitté hier seulement pour la première fois le pays. Je rejoins mon régiment.

— Vous n'avez pas été heureux au tirage?

— Au contraire, monsieur, j'ai eu un bon numéro, le dernier du contingent.

— Mais alors comment se fait-il que vous soyez soldat?

— Je pars pour un autre.

— Je comprends.... Vous.... êtes.... remplaçant.

— Remplaçant, oui; mais à titre purement gratuit.

Julien avait prononcé ces quelques mots avec vivacité.

— J'aime mieux cela. Et quel motif assez grave a pu vous décider à faire, pour le compte d'autrui, le sacrifice de votre liberté pendant sept années?

— Le désir bien naturel de rendre service à toute une famille. Un de mes amis d'enfance était tombé au sort. S'il partait, il laissait dans le dénûment le plus absolu son vieux père et sa vieille mère. Je n'ai pu considérer froidement la triste situation de deux vieillards en proie à la misère. Alors j'ai dit au conscrit : « Reste pour soigner tes parents, je pars pour toi. » A ma place, vous en eussiez fait autant.

— Brave jeune homme!... Vous ne m'avez pas encore fait connaître votre destination.

— Je suis appelé en Afrique.

— Et dans quelle arme?

— Dans l'infanterie de ligne.

— Quelle étrange coïncidence! Car nous sommes compagnons d'armes, mon cher Julien; j'ai l'honneur d'appartenir à notre brave armée. Mon régiment est à Oran, et je vais le rejoindre.

— A Oran! Ce sera justement ma première garnison.

Et Julien, tirant d'une liasse de papiers sa feuille de route, s'empressa de la montrer au blessé.

— Décidément, mon ami, c'est mon heureuse étoile qui vous a mis sur mon chemin; je vous suis redevable de la vie, et je suis assez heureux pour avoir en main les moyens de reconnaître l'éminent service que vous m'avez rendu. Mon régiment est le vôtre.

— Dieu en soit loué! Je ressens déjà pour vous une véritable affection. Seulement, je serai forcé d'imposer silence à mes sentiments; les exigences de la hiérarchie militaire tracent entre nous deux une ligne de démarcation qu'il est de mon devoir de ne point chercher à franchir; car vous servez depuis quelques années; cela se lit tout de suite sur votre figure martiale; et vous avez certainement un grade?...

— Oui, le ministre de la guerre a daigné récompenser ce qu'il lui a plu d'appeler mon zèle et ma bravoure.

— Vous êtes sergent, peut-être?

— Mieux que cela.

— Sergent-major?

— Mieux que cela.

— Vous êtes donc officier?

— On m'a gratifié de l'épaulette d'or.

Julien, visiblement troublé, manifestait son embarras par une pantomime plaisante qui excitait l'hilarité de son interlocuteur.

— J'ai l'honneur alors de parler à un lieutenant?
— Mieux que cela.
— A un capitaine?
— Mieux que cela.
— A un chef de bataillon?
— Vous n'y êtes pas encore. Quand vous serez arrivé à Oran, où je vous devancerai de quinze jours au moins, ne manquez pas, avant de faire constater votre arrivée au corps, de vous présenter chez M. N***, colonel du ..e de ligne. Je vous recevrai avec plaisir; je vous donnerai quelques conseils indispensables sur la manière dont vous devrez en user tout d'abord avec vos camarades, avec les sous-officiers et les officiers avec lesquels vous serez mis en rapport. En un mot, je veux que votre entrée dans la carrière militaire s'accomplisse sous mon patronage. J'ai mes raisons pour qu'il en soit ainsi.

— Mon colonel, que de grâces n'ai-je pas à vous rendre pour tant de bontés!

— Pas de remercîments, mon cher ami. Vous me feriez croire à une plaisanterie. S'il y a quelqu'un d'obligé, il me semble que c'est moi. Et puis, à Tarbes, voyez-vous, je ne suis pas colonel; je suis un simple bourgeois. Appelez-moi tout bonnement M. N***, je le préfère.... Ah! mon Dieu! j'y pense seulement à présent. Je vous fais causer depuis une heure, et, maladroit que je suis, il ne m'est pas encore venu à l'esprit que votre estomac montagnard s'accommoderait beaucoup mieux d'un déjeuner que de tous mes discours.

Ici le colonel sonna avec précipitation. Un domestique parut aussitôt, et, sur l'ordre de M. N***, dressa prestement une table à deux couverts. En un clin d'œil on fut servi, et Julien, quoi qu'il pût dire, fut contraint d'accepter la cordiale invitation du colonel.

L'amphitryon, par politesse, fit mine de manger; sa blessure, bien que peu dangereuse, lui occasionnait un malaise général.

Il n'en fut pas de même du montagnard. Son appétit, excité par le grand air, par l'exercice forcé qu'il venait de prendre, et probablement aussi par les riantes espérances que lui avaient fait concevoir les événements de la matinée, avait pris des proportions gigantesques. Il y allait de bon cœur, faisait à tous les mets une large brèche et ne respectait pas plus les plats de résistance que les hors-d'œuvre; bref, le combat courait risque de finir faute de combattants.

Le colonel, qu'amusait beaucoup cet appétit homérique, encourageait de son mieux son hôte, et riait *en dedans*.

Julien ne voyait rien, n'entendait rien. Absorbé par son opération gastronomique, il justifiait pleinement le proverbe : *Ventre affamé n'a point d'oreilles*. L'intrépide mangeur ne s'arrêta que lorsqu'il eut donné complète satisfaction à son estomac.

Alors M. N*** traça à la hâte quelques lignes et dit à son hôte :

— Soyez assez bon pour remettre cette lettre au commissaire de police. Il s'agit du *docteur homœopathe* qui m'a accommodé la tête d'une si belle façon. Le pauvre diable n'a agi que sous l'empire d'un vif mécontentement dont je suis cause. Il voulait entrer dans mon régiment en qualité de remplaçant, et je me suis opposé à son admission, parce que ses antécédents étaient déplorables. Ayez soin de dire au magistrat que vous étiez présent à l'affaire, que l'agresseur vous paraissait en état d'ivresse, et qu'il vous a semblé que le coup de bâton que j'ai reçu n'était que le résultat d'un moulinet décrit avec maladresse, l'intention évidente de Tape-Dur étant seulement de m'effrayer. Je ne veux pas avoir à me reprocher la perte d'un homme ; et notre individu, corrigé par cette leçon, pourra revenir au bien. Surtout gardez-vous bien de souffler mot de votre bras endommagé, vous dérangeriez notre petit plan.

Julien promit de s'acquitter de son mieux de cette mission délicate, serra affectueusement la main que lui tendait M. N*** et s'éloigna, ému et joyeux. Il ne devait revoir son colonel qu'en Afrique.

Notre héros se rendit immédiatement chez le commissaire de police, lui remit la lettre, et raconta l'événement du matin selon ce qui avait été convenu chez M. N***. Le magistrat prit l'engagement de se conformer aux instructions généreuses du colonel.

De là, Julien alla faire viser sa feuille de route, puis il quitta Tarbes, le cœur tout plein d'espoir. Nous ne le suivrons pas dans sa longue pérégrination à travers le Midi de la France ; nous ne ferons halte avec lui qu'à Marseille.

IV.

A MARSEILLE.

Le jeune soldat employa seize jours à franchir les cent vingt lieues qui séparent Tarbes de Marseille. Dans ce long parcours, il eut souvent à se louer de l'hospitalité bienveillante de ceux chez qui il prit gîte ; d'autres fois il tomba dans des maisons fort peu écossaises. Mais il se consola aisément de ces petits mécomptes et subit avec résignation ces manques d'égards qui auraient pu se renouveler à chaque étape.

Ce fut une école pour Julien. Dans sa profonde ignorance des hommes et des choses, il croyait que tout se passait comme dans ses montagnes, où le chasseur et le pâtre attardés entraient dans la première cabane qui se présentait sur leur chemin, et prenaient sans façon place au foyer et à la table. Il ne savait le monde que par les livres, où on le représente, ce monde, non comme il est, mais comme il devrait être.

Lorsque le montagnard fut en vue de Marseille, il oublia et sa fatigue et les désagréments de son voyage. En présence du magnifique panorama déroulé à ses yeux, tous les autres sentiments s'effaçaient devant celui de l'admiration la plus franche.

De la route, il apercevait le vieux et le nouveau Marseille, semblant, comme deux amis empressés, descendre de leur piédestal de granit, pour venir au-devant l'un de l'autre; les montagnes grisâtres déchirant dans le lointain l'azur des cieux de leurs capricieuses échancrures, et venant tremper leurs pieds couverts de palais et de maisonnettes dans les flots nonchalants de la Méditerranée; le cristal de la mer, turquoise mobile enchâssée dans un écrin de verdure et étincelant sous les mille feux du soleil méridional; des centaines de navires de toutes les nations du monde, à la mâture svelte ou puissante, à la carène arrondie, se balançant mollement sur les flots bleus, déployant leurs blanches voiles et fouettant l'air de leurs banderoles placées au haut des mâts; tout un monde de *bastides*, habitations de plaisance reconnaissables à leurs volets verts et à leurs façades proprettes, attachées aux flancs des coteaux ou suspendues à la crête des monticules. Tout cet ensemble riche et harmonieux, montagnes, mer, monuments, vaisseaux, coquettes retraites encadrées par la vigne et l'olivier, séduisaient l'imagination de l'impressionnable jeune homme.... Les quatre cent quatre-vingts kilomètres parcourus le havre-sac au dos et le bâton à la main ne comptaient en ce moment que pour mémoire.

Aussi, avide de contempler de plus près les beautés sans nombre qui paraissaient s'avancer vers lui, doubla-t-il le pas, impatient de jouir d'un spectacle si nouveau et si merveilleux. Peu après il fit son entrée dans la vieille ville, dans l'antique cité des colons de Phocée et des guerriers de Rome.

A mesure que Julien avance, son admiration va décroissant. Ne lui en voulons pas d'un revirement si subit. Dans le vieux Marseille, les rues sont étroites, tortueuses, fangeuses, et presque toujours humides; les maisons, dans certains quartiers, se touchent presque par le sommet, en sorte que la lumière solaire, interceptée par ces écrans épais, n'arrive au sol qu'à de rares intervalles, et encore affaiblie, pâle, blafarde; c'est le Marseille du temps des ligueurs, avec ses dédales si chers à nos pères.

Notre montagnard se trouvait en ce moment désenchanté à un tel point, qu'il se prenait à mettre la cité marseillaise bien au-dessous des petites villes des Pyrénées, où, se disait-il à lui-même, l'air et le soleil, prodigue de ses rayons, ne faisaient jamais défaut.

Avec le désenchantement revint le sentiment de la fatigue. Et ce fut avec un grand désir de se reposer que, muni de son billet de logement, il s'achemina, par une rue en guerre ouverte avec la symétrie, vers la demeure d'un honnête cordonnier.

Après les politesses d'usage, Julien demanda sa chambre.

— Votre chambre! exclama le Marseillais avec cette vivacité caractéristique du Provençal. Pauvre hère! il a marché pendant sept ou huit heures, et il ne songe pas à se restaurer l'estomac avec quelque chose de substantiel! Tron de l'air! mon camarade, vous me faites fameusement l'effet d'un troupier d'eau douce.

Julien objecta le besoin de prendre du repos et son intention bien arrêtée de ne pas gêner son hôte.

— Vous reposer! me gêner! Mais vous plaisantez, mon cher! On sait vivre, allez; on connaît ses devoirs de citoyen français. Tout soldat de notre valeureuse armée a droit à mes égards. D'ailleurs, on a servi, voyez-vous; on a appris par expérience que le tourlourou a bon pied, bonnes dents, bon estomac, et bourse plate. Soit dit sans vous offenser au moins; car je vénère et je respecte le pantalon garance que vous allez bientôt revêtir et que j'ai eu l'insigne honneur de porter sept ans! Ainsi c'est arrangé : vous soupez avec moi, et pas de refus; vous me blesseriez. Tenez, j'ai là une *bouillabaisse* dont vous me direz des nouvelles! C'est fameux! Quel fumet! Vous n'êtes pas de la Provence; on s'aperçoit tout de suite de ça à votre prononciation barbare. Tant mieux; vous apprécierez davantage la cuisine marseillaise.

Cette harangue, qui brillait surtout par le cœur, fut débitée avec une volubilité *électrique;* et Julien, peu habitué à cette succession rapide de mots, comprit, sinon les paroles, du moins la pantomime animée de son hôte. Il fut touché de cet accueil empreint d'une brusque franchise, et se rendit à une invitation faite avec tant de cordialité.

La petite table de travail fut vite débarrassée des chaussures et des outils qui l'encombraient. Deux assiettes en terre furent solennellement tirées d'un dressoir vermoulu et boiteux; une bouteille de vin du Midi, laquelle, au dire du cordonnier, avait la propriété de tirer un mort du sommeil éternel, fut apportée recouverte de la poussière vénérable, gage assuré de la vieillesse du liquide généreux qu'elle renfermait; enfin la succulente bouillabaisse fut pompeusement placée à côté du flacon au col élancé.

Ces préliminaires accomplis, le Marseillais cligna de l'œil d'un air satisfait et se frotta les mains, laissant deviner par ce langage muet qu'il prétendait tenir bien au delà de ses promesses.

Les deux convives s'assirent chacun sur un escabeau, et le festin commença.

Le généreux cordonnier, mesurant sur son appétit celui du soldat, lui servit toute une pyramide du *nec plus ultra* des ragoûts, sans s'oublier toutefois dans cette distribution, et attaqua intrépidement la bouillabaisse.

Le montagnard, un peu reposé par sa courte halte et encouragé par les manières prévenantes du Marseillais, sentait ses papilles nerveuses s'agiter d'aise. Il plongea une énorme fourchette dans son assiette fumante, en retira un morceau du mets inconnu et le porta à sa bouche. Amère déception! La bouillabaisse tant vantée n'est qu'un affreux poison! Que faire?. Manger?.C'est s'exposer à une révolte d'estomac certaine. Ne pas manger? C'est offenser le bienveillant cordonnier dans ce qu'il y a de plus susceptible, dans son amour-propre national. Car Julien n'ignore pas la grande prédilection des enfants de Marseille pour la bouillabaisse. Malheureusement il ne connaissait ce chef-d'œuvre culinaire que de nom. Il faut cependant prendre une prompte décision.

L'infortuné convive a recours au stratagème diplomatique usité en pareille circonstance : il feint de manger avec avidité, donne de fameux éloges au talent du Vatel provençal, et fait disparaître adroitement l'objet de son invincible répugnance.

Lorsque l'adepte de Saint-Crépin eut fait passer dans son estomac le contenu de son assiette, et eut avisé celle de Julien, veuve du précieux ragoût et nettoyée avec un soin qui eût fait honneur à un marmiton, il fit claquer voluptueusement la langue contre le palais, et s'écria tout joyeux :

— Eh! mon compère, avez-vous dans votre vie savouré quelque chose de pareil?

— S'il faut être véridique, jamais. Pour ce qui est du fumet, vous autres Provençaux vous remportez la palme; et votre bouillabaisse possède une saveur franche et accusée qu'on ne saurait contester sans être taxé de mauvaise foi.

— Vous me flattez infiniment, mon cher, et dans ma personne vous louez toute la population de Marseille, toute la Provence maritime folle de la bouillabaisse. C'est que, voyez-vous, après la bouillabaisse il faut tirer l'échelle; tout est dit.

— Il est vrai que votre bouillabaisse est quelque chose de

pyramidal, de fabuleux, de fantastique, d'inaccessible aux estomacs vulgaires incapables de l'apprécier.

— N'est-ce pas? Il n'y a rien d'étonnant; la cuisine marseillaise est la première du monde, aussi vrai qu'il n'y a qu'une France et qu'il n'y a qu'un Marseille en France; ce qui nous fait dire à nous autres Provençaux, avec un juste orgueil, que si Paris avait une Cannebière, ce serait un petit Marseille!

— Parfaitement dit. Vous y allez carrément, mon digne hôte. Ainsi donc, d'après votre sentiment....

— Mon sentiment? Dites donc le sentiment de la cité entière.

— Soit. Ainsi donc, de par l'appréciation de tous vos compatriotes, le chef-lieu du département des Bouches-du-Rhône rivalise avec la capitale?

— *Rivalise* n'est pas le mot; dites *surpasse*, et vous serez dans le vrai.

— Quelle prétention! Vous ne parlez pas sérieusement?

— Le plus sérieusement du monde.

— Voulez-vous me permettre de risquer mon opinion?

— Risquez toujours; ne vous gênez pas; on est bon diable.

— Eh bien! je ne connais pas Paris pour l'avoir visité; mais j'en ai lu pas mal de descriptions consciencieuses; j'ai causé souvent avec des personnes dignes de foi, qui ont habité ou exploré la capitale; et tous, auteurs, habitants, touristes, se sont accordés à proclamer hautement que Paris est la première ville de l'Europe par l'élégance, la somptuosité, la richesse, le nombre de ses monuments; par l'aspect grandiose de ses vastes et belles rues; par la parfaite régularité, par l'ornementation pleine de goût de ses places spacieuses; par l'habile variété de ses promenades et de ses jardins ouverts au public, et aussi par l'exquise politesse, l'urbanité, l'esprit fin et piquant de ses habitants.

— Ta, ta, ta, ta! Chansons que tout cela! Vous n'avez pas vu notre Marseille.

— Je ne l'ai pas vu? Et qu'ai-je donc vu en me rendant de la mairie à votre domicile?

— La vieille ville, *bagasse!* Mais sa sœur cadette, la cité moderne, avec la rue d'Aix, la rue de Rome, la rue sans pareille de la Cannebière, la place Royale, la place Saint-Ferréole, le Cours, les allées Meillan, la promenade autour du Fort, la cathédrale, l'hôtel de ville, le Grand-Théâtre, le Lazaret, le plus beau, le plus vaste, le plus commode du monde, l'Observatoire dans une position si heureuse; cette ville neuve avec toutes ses splendeurs, vous ne l'avez pas vue. Ne portez pas de jugement téméraire, attendez à demain pour vous prononcer. Aussi bien il est déjà tard. Vous avez fait une longue traite, vous êtes fatigué, vous me l'avez avoué, je me le rappelle. Ma maudite langue s'est trop donné carrière. Allez vous livrer au repos; et lorsque le sommeil aura réparé vos forces, allez admirer le quartier neuf. Ne brûlez pas non plus la politesse au jardin botanique, au superbe musée, au cabinet d'histoire naturelle; et si vous êtes amateur du pittoresque, logez dans un des casiers de votre mémoire le fort Notre-Dame de la Garde, le fort Saint-Jean, le fort Saint-Nicolas, le château d'If, le château du Ratonneau et la Joliette. Sur ce, bonne nuit et au revoir.

Ce flux de paroles fut loin de produire l'effet qu'en attendait le prôneur de la bouillabaisse. Julien alla se mettre au lit l'estomac vide, en maugréant à part lui contre l'infernale cuisine de Provence (car, hâtons-nous de le dire en passant, le jeune soldat n'était pas gourmand, mais c'était un intrépide mangeur, comme presque tous les habitants des montagnes), contre le ridicule orgueil des enfants de Marseille en général, et de l'adepte de Saint-Crépin en particulier.

Notre héros dormit d'un profond somme. Le souci des

richesses et le tracas des affaires ne faisaient pas de sa couche un lit d'épines. Un songe riant le visita pendant son sommeil. Il vit Joseph, Mathurine et son mari, animant de leurs gais propos la pauvre cabane de Cauterets, et mêlant à la bruyante manifestation de leur joie mille bénédictions pour leur bienfaiteur.

Rafraîchi par ces images agréables, Julien, à son réveil, avait recouvré ses forces et toute sa bonne humeur. Il ne se souvenait plus que la veille il avait fait piteusement un repas d'anachorète.

Levé à l'aube du jour, il descendit doucement de sa chambre pour ne pas troubler son hôte, dont un sonore ronflement indiquait, à ne pas s'y méprendre, qu'il dormait encore d'un sommeil profond.

La première visite du montagnard fut pour la Cannebière. A tout seigneur tout honneur. Cette rue, la plus belle sans contredit de Marseille, fut trouvée magnifique. Cependant l'admiration du promeneur matinal n'alla pas, nous devons le confesser, jusqu'à mettre la Cannebière au-dessus de la Chaussée-d'Antin, voire du boulevard des Capucines ou du boulevard des Italiens, le rendez-vous habituel de la fashion parisienne.

La rue d'Aix, la rue de Rome furent aussi trouvées admirables; car le jeune soldat, bien qu'il vît une grande ville pour la première fois, avait cependant puisé dans ses lectures, dans ses entretiens avec le bon curé de Cauterets, et dans des causeries familières avec des touristes instruits qu'il avait accompagnés en qualité de guide, le jeune soldat avait puisé des notions suffisantes sur les grands centres de population de la France et de l'Europe, pour lui permettre de porter un jugement sur la valeur monumentale d'une ville, et d'assigner, procédant par voie de comparaison, la première place à telle cité à l'exclusion de telle autre.

Il convint donc avec tous les voyageurs consciencieux que

ces trois grandes artères du nouveau Marseille, la Cannebière, la rue de Rome et la rue d'Aix, méritent de fixer l'attention par leur parfaite régularité, par leurs proportions grandioses, par le ton magistral des constructions élégantes et hardies, la somptuosité des magasins, ces temples de l'industrie moderne, et par le luxe d'architecture, luxe de bon goût, qui, en Provence, se fait remarquer dans les hôtels princiers de la noblesse de vieille roche et de la noblesse de finance.

Seulement notre ancien pâtre, en philosophe qu'il était, ne put s'empêcher, à la façon de Vauvenargues écrivant son livre des *Maximes* avec la main qui maniait l'épée, de faire un rapprochement entre l'éclat fastueux de ce quartier et l'apparence misérable des sombres ruelles composant le pâté informe où se trouvait la demeure de son hôte. Ce rapprochement n'aboutit pas à une conclusion en faveur des instincts philanthropiques de l'humanité.

De la Cannebière aux quais il n'y a qu'un pas. Julien se trouva bientôt confondu au milieu d'un essaim bourdonnant de matelots se balançant sur le sol, qu'ils craignaient, on eût dit, de voir s'entr'ouvrir sous leurs pieds; de forts de la halle au langage assaisonné de plaisanteries ne brillant pas le moins du monde par le sel attique; de harengères brouillées avec les notions les plus élémentaires de la politesse; de courtiers marrons empressés, officieux, en quête d'une bonne affaire, le nez au vent, l'œil aux aguets, s'éclipsant à la seule apparition du bicorne municipal; de tout un monde de négociants accourus de tous les points du monde à ce bazar universel qu'on appelle Marseille : Espagnols taciturnes et dignes, Turcs nonchalants, Napolitains réservés, Grecs rusés et narquois, Anglais raides dans leur cravate empesée, Hollandais à l'air placide, Russes obséquieux sentant leur knout à vingt lieues à la ronde, gent affairée et cosmopolite qui narguerait un tremblement de terre et danserait sur un volcan, tant elle est âpre à la curée.

Avons-nous besoin de dire que nous laissons la responsabilité de cette appréciation au soldat philosophe, faisant bien bas les réflexions que nous venons de rapporter, tout en essayant de se frayer un passage au travers de ce dédale humain; ce qui lui attirait maint horion, mainte gourmade de la part des robustes porte-faix, des marchandes de poissons, des courtiers interlopes et des trafiquants, écartés momentanément de leur ligne droite.

L'aspect séduisant de la mer vint changer le cours des idées de Julien. La Méditerranée était ce jour-là encore plus paisible que d'ordinaire; à peine un léger clapotement trahissait-il la mobilité de ce miroir uniformément poli; à peine la tiède haleine du zéphyr ridait-elle par intervalles cette vaste nappe de moire.

C'était à n'y pas résister. Le montagnard fit signe à un canotier attendant les promeneurs, l'aviron à la main, et s'élança dans la frêle embarcation. Le départ du vaisseau de l'Etat ne devait avoir lieu que dans six jours, et le remplaçant de Joseph était désireux de mettre à profit ce temps d'arrêt forcé.

— Où dirigeons-nous notre course, mon homme?
— En rade.
— En rade? Mais sur quel point?
— Au château d'If.
— Va pour le château d'If.

Et le canotier, donnant une vigoureuse impulsion à sa *coquille de noix*, la fit voler sur l'onde avec la rapidité d'une flèche.

— Cette petite baie que vous apercevez encombrée de navires de tous les tonnages est l'anse de la Joliette; on a creusé ce havre naturel à cause de l'insuffisance du vieux port. Sans cette annexe devenue indispensable, Marseille se serait vu forcé de restreindre son immense commerce maritime.

— Tiens! un cicérone au lieu d'un patron de barque, se dit à lui-même Julien; c'est une bonne fortune. Mettons à contribution ses connaissances locales.

— La rade vous est familière, à ce que je vois, pilote?

— Tron de l'air! si on connaît sa rade! Et l'histoire des châteaux et des forts par-dessus le marché. Pas un événement accompli sur le moindre îlot, sur le plus petit rocher de ce labyrinthe, ne m'est inconnu. C'est que depuis trente ans, voyez-vous, la rade c'est mon livre de tous les jours, mon bréviaire. On a eu l'honneur de faire visiter notre rade à quantité de personnages illustres, à lord Wellington, à Blucher, de désastreuse mémoire; au maréchal Soult, le même qui a si crânement frotté les alliés à Toulouse; à lord Fitz-James, l'homme à la pluie d'or; au prince de Polignac, le ministre malheureux de la monarchie restaurée; au général de la Fayette, un des héros des *trois glorieuses*; au banquier Laffitte, le commensal éconduit du roi Louis-Philippe; à M. Guizot, l'austère ministre des affaires étrangères de la dynastie de Juillet; sans compter nos illustrations artistiques et littéraires, les Boïeldieu, les Rossini, les Donizetti, les Auber, ces Orphées modernes, dont l'harmonie tantôt puissante, tantôt suave, bouleverse nos têtes méridionales; les Chateaubriand, les Lamartine, ces princes de la pensée, qui, à force de génie, ont pétri notre idiome naturellement peu mélodieux et en ont fait une langue musicale; la brillante pléiade de ces hardis jouteurs littéraires, transformant la confection des œuvres de l'esprit en une véritable course au clocher, entre autres Alexandre Dumas, le grand pontife du genre, l'habile faiseur, le Briarée du roman contemporain, entassant Ossa sur Pélion, et semblant appliquer l'agent de l'industrie, la vapeur, à ses fécondes et innombrables productions; les gloires de la magistrature et du barreau, les Dupin, les Chaix-d'Est-Ange, les Crémieux, les Berryer, et une foule d'autres personnages célèbres à bien des titres. Je n'en finirais pas, si je vous énumérais tous les hommes illustres qui ont honoré ma modeste yole de leur présence. Vous comprenez alors que, me trouvant chaque jour en rapport avec des touristes si élevés dans l'échelle sociale, force m'a été de me mettre à leur hauteur, de me familiariser avec les faits historiques relatifs à Marseille, à sa rade et à ses environs, pour me rendre utile à ces visiteurs d'élite; de polir mon langage, mes manières, pour communiquer avec eux d'une façon convenable. Aussi tous ceux qui me font l'honneur de me choisir pour leur cicérone ne me quittent jamais sans me dire : « Adieu, canotier beau parleur. » Ce surnom m'est resté.

— A coup sûr il vous revient de droit. Car, soit dit sans vous flatter, à votre diction, on vous prendrait plutôt pour un de ces personnages dont vous venez d'étaler pompeusement les noms, que pour un patron de barque.

— Je sème bien par-ci par-là quelques locutions insurgées contre la grammaire. Mais ça tient à un reste d'habitude d'enfance.

— Ces écarts de langue passent inaperçus au milieu des fleurs de rhétorique jetées à pleines mains dans votre discours.

Julien eut toutes les peines du monde à contenir le fou rire qu'excitaient en lui les prétentions littéraires du canotier.

— C'est possible. Laissons là vos fleurs de rhétorique, et à mon devoir de cicérone maintenant. Cette construction grisâtre dont vous distinguez la terrasse, à environ six cents mètres des murs de la ville, est le fort de Notre-Dame de la Garde. Ce fort fut bâti par le roi François Ier, avec les matériaux provenant de la démolition d'un antique monastère de cordeliers.

— Pourquoi ce fort est-il appelé Notre-Dame de la Garde?

— Vous ne me donnez pas le temps de vous le dire. A l'époque où le vainqueur de Marignan construisit cette forteresse, c'est-à-dire en 1525, il existait sur ce même point une chapelle dédiée à la Vierge ; auprès de cette chapelle avait été élevée, lors des incursions normandes, une tour destinée à signaler l'approche des barbares, à *faire la garde*. François Ier enferma cette chapelle dans l'enceinte des fortifications. De là le nom de fort de Notre-Dame de la Garde.

— Ce fort doit puissamment concourir à la défense de Marseille ?

— Nullement.

— Comment donc ?

— Il est aujourd'hui désarmé et réduit à l'état de balise. On a aussi établi sur la terrasse un système de signaux, moyen facile de communication entre les vaisseaux du port et ceux de la rade.

— Quels sont ces tours et ces bâtiments qui commandent l'entrée du port ?

— Le fort Saint-Jean et le fort Saint-Nicolas. Le premier est ainsi appelé, parce que la majeure partie des constructions appartint jadis au commandeur des chevaliers de Malte, primitivement chevaliers de Saint-Jean de Jérusalem ; le second tire son nom d'un oratoire érigé à la fin du XVe siècle et placé sous le vocable de Notre-Dame du Bon-Port et de Saint-Nicolas. Le fort Saint-Jean a conservé la seule batterie du côté de la mer ; il sert aujourd'hui de prison militaire. La tour carrée dépendant du fort Saint-Nicolas, et assise à l'entrée de la passe, remonte au règne de Charles VI. Portez à présent vos regards sur ce donjon carré, flanqué à chaque aile d'une tour massive, et reposant sur un rocher qui s'élance du sein de la mer. Si l'on en croit certains chroniqueurs, cet îlot aurait été utilisé dès les premiers temps de la domination romaine ; un cirque y aurait été construit pour amuser les loisirs des légions cantonnées à *Massilia* (Marseille), pour tenir en respect la *Provincia romana* (Provence).

— Vous parlez latin, Dieu me pardonne! Il ne vous manquait que ce dernier trait.

— Je n'ai en cela aucun mérite. Je redis tout bonnement les paroles de M. Alexandre Dumas, allant dans cette même yole explorer le château d'If, dont il décrivit plus tard d'une manière si émouvante, dans *Monte Christo*, les sombres et formidables prisons. Mais si vous m'interrompez à tout propos, vous me ferez perdre le fil de mes idées; je m'embrouillerai, et adieu mes récits, adieu mes épisodes. Car ne perdez pas de vue une fois pour toutes que c'est à grand renfort de mémoire que j'arrive à une diction élégante et pure; je me suis créé un vocabulaire historique composé de phrases empruntées à chacun des éminents personnages dont j'ai dirigé la promenade dans notre vaste baie; or, ma mémoire est un ruisseau limpide que trouble le petit caillou jeté dans son lit.

— Ceci est un emprunt fait à M. de Lamartine. — Vos interruptions sont autant de petits cailloux; et ma mémoire.... vous me comprenez.... Suffit. Où en étais-je?

— Au cirque romain.

— Ah! bien, j'y suis. Donc, sur l'emplacement du cirque fut édifié le château d'If, sous Henri IV, le roi à la poule au pot, comme l'appelait M. de Chateaubriand. A cette époque, l'îlot avait une petite esplanade plantée d'ifs, de là le nom donné à la citadelle. Ce fut naguère une prison d'Etat, à la façon de la Bastille, au bon temps des lettres de cachet; on en fit ensuite une maison de correction pour les jeunes gens indociles au frein salutaire de l'autorité paternelle, témoin les vers peu harmonieux de Lefranc de Pompignan, vers récités d'un ton burlesque par M. Alfred de Musset, à peu près à la place où nous sommes :

Nous fûmes donc au château d'If.
C'est un lieu peu récréatif,
Défendu par le fer oisif
De plus d'un soldat maladif,
Qui, de guerrier jadis actif,
Est devenu garde passif.
Sur ce roc taillé dans le vif,
Par bon ordre on retient captif
Dans l'enceinte d'un mur massif
Esprit libertin, cœur rétif
Au salutaire correctif
D'un parent peu persuasif.

L'homme au génie fatal, Mirabeau, si tristement célèbre, y fut enfermé, sur la demande de son père. Je tiens ce fait de M. Guizot. Vous allez juger par vous-même des délices réservées aux captifs de cet *in pace;* car nous arrivons.

Quelques instants après, la yole était solidement amarrée entre deux rochers, et Julien et le canotier descendaient dans l'île.

— Avant de visiter le château, dit le montagnard, nous ferons sagement de procéder à une opération rendue indispensable par l'air apéritif de la mer. En me rendant sur les quais ce matin, j'ai avisé un étalage en plein vent pourvu de petits pains mollets et de fruits dorés. A tout hasard j'ai fait ample provision des uns et des autres; et si le cœur vous en dit, nous allons incontinent apaiser les troubles de nos estomacs respectifs.

— Accepté sans opposition, repartit le patron de la yole.

En quelques minutes le repas champêtre fut terminé. Il ne restait plus rien des petits pains et des fruits.

Nos deux promeneurs se dirigèrent vers la porte d'entrée du château et furent admis dans l'intérieur par le gardien, sur le vu de la feuille de route de Julien et de la médaille numérotée du canotier.

Le jeune soldat demanda à voir les cachots; on s'empressa de satisfaire son désir. Il se sentit froid au cœur en pénétrant sous ces voûtes humides où avaient été étouffés bien des sanglots, sous ces voûtes qui avaient retenti des imprécations et des cris de rage des infortunés enlevés à leurs familles, retranchés violemment et pour toujours du monde, souvent par un caprice, une fantaisie de grand seigneur. Aux murailles de ces tombeaux vivants pendaient de lourdes chaînes, polies par leur frottement sur les captifs qu'elles avaient étreints de leurs sinistres anneaux. Sur le sol et dans un rayon mesuré par la longueur de la chaîne, le pied du patient avait creusé un profond sillon, labeur incessant de chaque jour, de chaque heure, de chaque minute. L'empreinte de ce pas humain aurait suffi pour indiquer la durée de la captivité; car les sillons s'enfonçaient inégalement dans cette terre chaude encore des larmes arrachées au désespoir. Sur les parois de ces murs laissant suinter une eau fétide, notre héros lut, tracées avec du sang ou grossièrement gravées avec un fragment de silex, ces funèbres inscriptions :

« La vie est une lente agonie, la mort est la fin de tous les maux! » — « O mort, ô mort, quand viendras-tu finir mes tourments? » — « Je gémis depuis vingt ans dans cet affreux sépulcre, et depuis vingt ans je demande à Dieu comme un suprême bienfait de mettre un terme à mes tortures! » — « Mon Dieu, je n'attends plus rien de la justice des hommes, je me réfugie dans votre sein; prenez-moi en pitié. » — « Je pardonne à mes bourreaux les tourments qu'ils me font endurer. Dieu juste, Dieu miséricordieux, daignez me pardonner mes fautes et me recevoir dans votre ciel. » — « Vierge sainte, refuge des malheureux, intercédez pour moi auprès de votre divin fils, accordez-moi la grâce de mourir; la mort m'ouvrira les portes du céleste séjour ; j'ai tant souffert sur la terre, que le souverain maître de l'univers voudra bien m'admettre dans la compagnie des anges et des saints ! »

Ces expressions d'une douleur immense, ces lamentations échappées à des âmes profondément ulcérées, cette résignation sublime, cette confiance en Dieu, le dernier mot de l'homme sur la terre, excitèrent une vive émotion dans le cœur de Julien. Dans sa vertueuse indignation, il flétrit les hommes assez inhumains pour faire si bon marché de la liberté, de l'existence de leurs semblables ; il maudit ces êtres assez dépravés pour demeurer sourds aux cris de désespoir de leurs victimes, enchaînées comme des bêtes fauves, expiant plus d'une fois une légère égratignure faite à l'amour-propre de leurs persécuteurs. Notre impressionnable montagnard ne put penser sans frémir que si les lettres de cachet n'avaient pas toujours tué le corps, elles avaient trop souvent éteint le flambeau de la raison. Les compte-t-on par centaines, les intelligences robustes au point de résister à l'action énervante de la solitude ? Les registres d'écrou sont là pour répondre.

Ce fut sous l'empire de ces tristes réflexions que Julien s'éloigna du château. Il lui tardait de perdre de vue ce fatal donjon où l'arbitraire le plus odieux avait brisé tant d'existences ! Il se sentit soulagé d'un poids énorme, lorsque la frêle embarcation l'eut entraîné loin de cet îlot fécond en souvenirs navrants.

— Vous en avez assez du château d'If, à ce que je vois, mon officier en herbe ; car votre feuille de route m'a appris que j'avais l'honneur de piloter un brave. *L'ancienne prison d'Etat n'a pas vos suffrages* (expression favorite d'un académicien dont le nom m'échappe) ? On a de ça !

Et ce disant, le canotier se mit la main sur le cœur.

— Franchement, la vue de ces hideux cachots, antres sauvages bien plus que demeures humaines, m'a fait un mal dont vous vous rendriez difficilement compte, habitué que vous êtes à considérer chaque jour d'un œil indifférent les appareils de torture.

— Vous vous imaginez peut-être que je suis un sans-cœur, que j'ai de la petite bière au lieu de sang dans les veines? Vous vous abusez étrangement. La première fois que je descendis dans ces *in pace*, comme les appelle M. Thiers, je fus tellement saisi, que je faillis me trouver mal.... Mais on s'habitue à tout. La sensibilité s'émousse, et, à force d'être vus, les objets les plus hideux perdent de leur laideur. Affaire d'habitude, je le répète; voilà tout.

— Est-ce bien possible ce que vous dites là?

— C'est l'exacte vérité. Et si, comme moi, depuis trente années, vous aviez fait bon an mal an trois cents voyages au château d'If, cette lugubre forteresse ne produirait pas plus d'effet sur votre imagination que la demeure paisible d'un honnête épicier retiré des affaires.

— Il peut y avoir du vrai dans ce que vous dites. Mais pour moi cette insensibilité sera longue à se produire.

— Il en sera pour vous comme pour les autres, mon cher; vous avez à peine quitté vos champs; vous exhalez un parfum campagnard sur lequel il serait difficile de se méprendre, à moins d'y mettre une dose de bonne volonté peu commune. Attendez un peu. Vos sensations s'useront graduellement aux aspérités de la vie (c'est de l'école romantique au premier chef); votre cœur s'atrophiera (le fameux Broussais n'eût pas mieux dit); vous laisserez un lambeau de chacune de vos illusions aux ronces qui le déchireront, ce cœur (j'ai volé cette parole à un grand dramaturge, à M. Labiche); et vous vous réveillerez un matin tout surpris d'être indifférent sur ce qui jusque-là vous avait profondément ému.

— Si je devais devenir insensible aux souffrances de mes

semblables, je préférerais demeurer toujours le campagnard que vous dites.

— Bah! bah! vous avez beau faire. Cela viendra malgré vous.... Nous faisons les moralistes, *bagasse!* Ce n'est ni plus ni moins qu'une concurrence à..... aidez-moi donc, à....

— A Labruyère, sans doute?

— C'est juste ce monsieur. Fameux conteur tout de même!

— Nous bavardons comme deux pies, honnête canotier. Le temps s'écoule, et mon hôte sera inquiet. Qu'avez-vous à me faire visiter?

— Le château du Ratonneau.

— Est-ce un autre château d'If?

— Oh! non.

— A la bonne heure.

— Je connais sur ce château une anecdote qui vous déridera sans nul doute, voulez-vous que je vous la raconte?

— Je n'y vois pas d'inconvénient.

— Je commence. C'était en l'année 1765. Le Ratonneau avait pour garnison une douzaine de soldats oisifs, occupés à guerroyer tout le jour contre les mouettes et les goëlands. Au nombre de ces soldats était un certain Francœur, garçon d'une activité d'esprit et d'une pétulance de caractère fort peu en harmonie avec le désœuvrement habituel des gardiens du fort. Donc l'activité de Francœur manquait d'aliment. A quoi s'en prendre, lorsque la besogne fait défaut? A la folle du logis, c'est-à-dire à l'imagination. Notre héros incompris se mit donc à rêver, à contempler; il voyagea si bien dans le pays des chimères, que, le soleil méridional aidant, il en vint à se croire souverain de l'île et du château du Ratonneau.

— Jusque-là l'histoire est peu réjouissante.

— Je vous attends à la *péripétie.* — Pour celui-là, il me vient en ligne directe d'un immortel.

— D'un académicien, vous voulez dire?

— Précisément.... Voici donc Sa Majesté Francœur assise sur un trône de création nouvelle. Mais le plus difficile restait encore à faire. Les onze autres soldats gênaient considérablement dans l'exercice de ses prérogatives royales le chef de la dynastie récemment inaugurée. Éloigner ces importuns était chose urgente, mais scabreux en diable; chercher à les faire déguerpir par la force était impossible. C'eût été l'œuvre d'un fou ; et à part son idée fixe, Francœur était homme de sens et de droite raison. Afin de triompher de cet obstacle, il eut recours aux moyens conseillés par Machiavel, le plus grand diplomate de son temps, au dire de M. Thiers déjà nommé, à la ruse, ou bien à la fourberie, si vous le préférez. Le cauteleux monarque prit ses mesures ; il dissimula, et un jour que ses onze anciens camarades étaient allés à Marseille renouveler leurs provisions de bouche, il leva les ponts-levis, chargea les quelques couleuvrines dont était muni le fort et se disposa à faire aux intrus, quand ils reviendraient, une réception bruyante et peu amicale. Et pendant ces préparatifs formidables, le roi Louis XV et ses courtisans s'endormaient au sein des plaisirs, sans la moindre appréhension de l'orage qui s'amassait sur leur tête. Francœur observait toujours la rade, armé d'une mèche allumée, prêt à ouvrir le feu. L'embarcation qui ramenait les onze autres soldats de la garnison ne fut pas plus tôt tombée sous le rayon visuel du rival de Louis XV, qu'une des couleuvrines se mit à *parler*. Les oiseaux de mer, qui depuis longtemps n'avaient pas assisté à pareil concert, s'enfuirent à tire-d'aile, en poussant des cris aigus. Cependant les gens de la barque, croyant à une plaisanterie, continuaient d'avancer. Leur erreur fut de courte durée; car une seconde décharge de l'artillerie du fort leur prouva d'une façon incontestable que le Ratonneau jouait franc jeu ; un bel et bon boulet tombé à quelques mètres seulement de l'embarcation fit entendre un sifflement capable de convaincre les plus incrédules. Surpris de cet accueil et ignorant à qui il avait affaire, le sous-officier commandant le détachement revint à Marseille et s'empressa de faire une déclaration circonstanciée de cet événement. Le plus drôle de cette aventure, c'est que le gouverneur de Marseille crut à une descente des ennemis et fut sur le point d'expédier un courrier à Versailles. Un de ses officiers lui épargna cette mystification, en lui conseillant d'éclaircir le fait avant d'en donner avis à la cour. Une péniche fut aussitôt armée en guerre et poussa une reconnaissance du côté de l'île. L'officier chargé de cette mission eut ordre d'agir avec la plus grande prudence; des instructions lui défendaient surtout d'engager le combat sans en avoir préalablement référé au gouverneur. Que faisait Francœur, alors que l'agitation la plus vive régnait dans la cité marseillaise? Notre conquérant, à lui seul roi, général, armée, peuple, inspectait ses batteries, entassait projectiles et gargousses, visitait les herses, s'assurait que les ponts-levis n'étaient pas abaissés, et se disposait par ces sages précautions à soutenir un siége en règle, et à défendre ainsi son trône menacé. La péniche, arrivée à une centaine de toises du Ratonneau, fut reçue comme la barque des camarades de Francœur, et rebroussa chemin. On avait dès lors le mot de l'énigme. Une perfide longue-vue avait trahi la faiblesse de l'assaillant Il ne s'agissait plus de combattre un ennemi redoutable; on avait seulement à se rendre maître, à l'aide d'un stratagème, d'un pauvre fou, dont les lois de l'humanité commandaient de respecter la vie. A la faveur des ténèbres, on se glissa dans l'île, et Francœur fut appréhendé au corps, non sans se plaindre amèrement du manque de courtoisie de ses adversaires. Conduit à Marseille, il fut placé dans un hospice d'aliénés, et Louis XV voulut bien lui assigner sur sa cassette une pension viagère. *Sic transit gloria mundi* (ainsi s'évanouit ce que les hommes appellent la gloire).

— A qui avez-vous emprunté cette citation ?

— A un bachelier, frais émoulu du collége.

— De mieux en mieux.

— Et mon histoire ?

— Piquante en vérité. Le dénoûment surtout a de l'imprévu.

— Attention donc, ou vous allez prendre un bain de mer. Vous ne distinguez pas ce rocher ; c'est la première assise du Ratonneau qui dresse devant nous ses murailles badigeonnées par le temps en gris foncé. Il est vrai qu'il ne vous était guère possible de l'apercevoir, placé comme vous l'êtes le visage dans une direction opposée à celle de ce monument. Nous y voilà. Donnez-moi la main. Vous êtes sur le territoire de Sa Majesté Francœur, premier du nom.

Le montagnard n'accorda que quelques instants à cette construction insignifiante ; il se contenta de voir les différents postes occupés naguère par l'insensé, et se fit expliquer en détail les moyens mis en usage par Francœur pour suppléer au nombre.

— C'était un fou bien habile, se dit à part lui Julien, que cet obscur soldat, assez maître de lui-même pour combiner un plan hérissé de difficultés, et le mettre à exécution avec une rare intelligence. Au train dont vont les choses en ce monde, que de sages sont fous, que de fous sont sages !

Le remplaçant de Joseph ne laissait pas échapper une si belle occasion de formuler une sentence philosophique.

Le cicérone aurait voulu conduire Julien sur les autres points remarquables de la rade ; il tenait surtout à lui montrer le Lazaret ; mais le soldat borna là sa promenade pour cette journée, prétextant, non sans raison, l'inquiétude que ne manquerait pas d'éprouver son digne hôte d'une absence aussi prolongée.

Le canotier mit donc, à contre-cœur, le cap sur Marseille, et, après mille évolutions accomplies autour des innombrables vaisseaux à l'ancre dans le port, la *coquille de noix* vint s'arrêter à l'endroit d'où elle était partie le matin.

Le montagnard, à peine à terre, sortit une bourse efflanquée et offrit au loquace cicérone une pièce de *quarante sous*. Cette rémunération parut insuffisante au canotier érudit, car il lança un *bagasse* significatif et.... mit l'argent dans sa poche en grommelant contre l'outrecuidance de cet incivil conscrit, si maigre appréciateur de la fine fleur des canotiers marseillais.

Julien, dans son empressement à regagner son domicile, ne remarqua pas le désappointement du patron, et s'éloigna dans la direction du vieux Marseille, en marchant de ce pas accéléré familier aux habitants des hautes terres.

Chemin faisant, il réfléchit que son petit pécule, diminué par son excursion en mer, avait besoin d'être grossi des deniers de l'Etat. Il se rendit à l'Intendance pour faire régler sa solde de route. Dans les bureaux il apprit que, sur un ordre parvenu le même jour du ministère, le vaisseau de l'Etat affecté au transport des troupes en Algérie levait l'ancre le lendemain matin, que tous les militaires en partance en avaient été informés, et qu'il trouverait à son gîte semblable avertissement avec invitation de se trouver le jour suivant, à six heures de relevée, au port de la Joliette, où devait avoir lieu l'embarquement.

Notre héros fut bien quelque peu contrarié de ce contretemps; il s'était promis, nous le savons, d'étudier Marseille. Toutefois sa bonne humeur prit bien vite le dessus ; il se consola par la pensée que le soldat ne s'appartient pas à lui-même, mais à l'Etat.

Pour nous, ce brusque départ ne peut que nous être agréable : notre tâche d'explorateur se trouve naturellement terminée ; aussi bien il n'entrait pas dans notre plan de faire de Marseille une description générale; un volume n'eût pas suffi à pareil travail. Nous désirions seulement donner de la première cité maritime de la France une esquisse tracée à grands traits, et crayonner les portraits de deux individualités des plus originales et des plus piquantes de la population marseillaise, le matelot du port et l'artisan, sans perdre un seul instant de vue notre héros, dont le caractère devait trouver son développement naturel dans les situations diverses où nous le placions, qu'il discutât avec le fanatique de la bouillabaisse, ou communiquât ses impressions au marinier beau parleur et bel esprit, grâce aux nombreux emprunts faits à des touristes renommés dans la république des lettres.

Cette courte digression était indispensable; il nous fallait expliquer le silence que nous gardons sur une foule de monuments d'une valeur artistique supérieure à celle du château d'If et du Ratonneau.

Revenons maintenant à Julien.

Nous le retrouvons chez son hôte. Ce dernier manie avec dextérité l'alène, et lève de temps en temps la tête pour regarder d'un air triomphant le soldat en train de nettoyer sa garde-robe.

— Vous voulez vous présenter pimpant, mon futur général?... Vous ne soufflez pas mot des merveilles offertes à vos regards pendant votre longue promenade? Déliez donc votre langue! Énumérez-moi avec complaisance tout ce que vous avez admiré.

— J'ai commencé par les quais, continué par l'anse de la Joliette, par le château d'If, et fini par le Ratonneau.

— *Bagasse!* ce n'est rien, mon homme! Demain....

— Je file du câble !

— Farceur !

— Sérieusement, je pars demain. Il y a eu contre-ordre; aussi je mets la dernière main à mes effets d'habillement; ce sera vite fait.

— Quelle tuile vous tombe sur la tête, mon cher! Mais c'est

de la tyrannie! Vous n'avez rien vu! Les plus belles choses!... Je ne souffrirai pas cela, je vais réclamer.

— Calmez-vous, mon cher hôte; calmez-vous, de grâce. L'autorité a parlé; respect à la loi! c'est la devise du défenseur de la patrie.

— C'est tout de même ennuyeux! Vous voir partir si brusquement, sans me donner le temps de me reconnaître.... Car vrai, là, vous m'alliez comme un gant; votre franchise m'avait plu tout d'abord; j'étais heureux de me dire : « Il égaiera toute une semaine ma demeure solitaire!... »

Julien serra affectueusement la main du cordonnier.

— Au moins nous passerons la soirée ensemble?

— J'allais vous le proposer.

Nos deux amis de fraîche date furent tristes; malgré tous leurs efforts, ils ne purent recouvrer leur gaîté de la veille. La pensée d'une séparation si prompte portait le trouble dans leur âme, et cependant ils ne se connaissaient que depuis vingt-quatre heures!

Quel abîme que le cœur humain! Expliquera qui pourra les sympathies et les antipathies.

Ils ne se retirèrent pas tard dans leur chambrette; Julien n'avait que quelques heures à dormir.

— Adieu, mon officier, dit d'une voix émue l'adepte de Saint-Crépin.

— Au revoir, mon brave Marseillais, soupira le soldat. Si je reviens dans votre ville, ma première visite sera pour vous, que la fortune me comble de ses dons ou qu'elle me soit contraire.

Une vive accolade mit fin à ces pénibles adieux. Nous nous garderons d'interrompre les rêves dorés de notre héros. Nous ne nous retrouverons avec lui qu'à bord du *Vulcain*.

V.

EN MER.

La chimère de feu, pacifique conquête de l'homme, laisse échapper de ses poumons de fer un sifflement aigu ; des flocons de fumée ondoient dans l'atmosphère ; les aubes des roues battent les flots en cadence ; le *Vulcain*, la proue tournée vers l'Afrique, quitte le port de Marseille.

C'est un gracieux pyroscaphe que le *Vulcain!* Comme sa coque est élancée ! Comme son taille-mer fend coquettement l'onde blanchissante et projette à l'avant une pluie de perles nacrées ! Son pont est lavé, frotté, ciré avec luxe, avec recherche même ; mais c'est la recherche de la propreté. Ne dirait-on pas le parquet d'un boudoir? Sa mâture est simple, rudimentaire, comme celle des navires à vapeur. Mais comme cette mâture est fine, svelte, déliée ! Voyez comme la flamme, couronnant le grand mât, trace capricieusement une spirale empourprée dans l'azur du firmament d'une pureté de ton presque diaphane, pendant qu'à l'arrière le pavillon national déploie majestueusement ses trois couleurs, symbole de force, de loyauté, de constance? Pas d'encombrement sur le tillac ; chaque chose est à sa place. Quel ordre admirable règne dans cet aménagement si compliqué ! On reconnaît tout de suite un vaisseau de l'Etat ; là commande la discipline en souveraine maîtresse.

L'officier de quart est à son poste. Le timonier, à la barre du gouvernail, tient les yeux fixés sur cet officier ; les manœuvres sont fréquentes en rade, et elles doivent être exécutées sans hésitation.

Le rivage a déjà fui dans le lointain; de la cité phocéenne on ne distingue plus que les monuments les plus élevés ; encore ces monuments apparaissent comme des points grisâtres nuançant la côte dont les lignes se confondent avec l'horizon.... Puis plus rien.

Le *Vulcain* laboure de sa quille puissante des eaux calmes et profondes ; la Méditerranée se fait douce et caressante ; elle tient à justifier sa parenté poétique avec les beaux lacs de l'Helvétie ; les vents retiennent leur haleine ; le soleil, débarrassé des vapeurs matinales, verse des flots de lumière ; tout annonce une courte et heureuse navigation.

Puisque tout est tranquille et dans le ciel et sur l'onde, que passagers et marins sont affranchis des préoccupations du départ, il nous est loisible de faire connaissance avec quelques-uns des habitants de cette *maison flottante*, selon la pittoresque expression des enfants du soleil (Péruviens) apercevant le premier vaisseau espagnol.

Le lecteur ne s'attendait pas, nous aimons à le croire, à une notice biographique sur tous les individus de cette société fortuite appelée à vivre quarante-huit heures au plus de la vie commune. Outre qu'une énumération de cette nature eût ressemblé au catalogue d'un naturaliste, voire à une feuille signalétique, ce travail, digne pendant des douze labeurs du fils d'Alcmène, eût été simplement impossible ; car, pour faire l'éthopée des gens, il faut au moins les avoir étudiés quelque peu ; et quarante-huit heures *au plus*, c'est un espace de temps trop court pour faire des études morales, à l'endroit de deux cents personnes (ce chiffre n'a rien d'exagéré) différant de caractère, de tempérament, de langage, d'humeur.

Il est donc convenu que nous nouerons des relations suivies seulement avec trois ou quatre commensaux du *Vulcain*.

En premier lieu nous parlerons du capitaine, brave et digne homme, originaire de la basse Bretagne, tête de granit, cœur d'or. Le commandant du *Vulcain* a toutes les qualités et tous les défauts de ceux de son pays ; il est d'une bonté, d'une générosité inépuisables ; mais par contre il est absolu, entier dans ses volontés ; et quand une fois il a pris une résolution, il n'en démord pas, eût-il mille fois tort. Pardonnons-lui cette imperfection, produit spontané du terroir. Les bas Bretons sont tous ainsi faits.

Si le capitaine est une individualité tranchée, le quartier-maître ne lui cède en rien sur ce point. Maître Rudiger est un ancien matelot poletais ; la Normandie est sa patrie ; depuis l'âge de dix ans, il n'est pas demeuré trois mois à terre ; or, il frise la cinquantaine ; ne nous étonnons pas alors s'il jouit de la confiance entière de l'équipage, des sous-officiers et des officiers ; car le vieux loup de mer connaît *le métier* à fond. Néanmoins, à cette médaille il y a un revers. Le quartier-maître est à cheval sur les règles, et mal advient à qui ose les enfreindre. Si c'est un inférieur, le châtiment ne se fait pas attendre ; si c'est un supérieur, le supérieur est gratifié d'une verte mercuriale ; et à cela il n'y a rien à reprendre ; on est habitué aux allures de Rudiger. Sauf ce petit inconvénient, c'est le meilleur enfant du monde.

Nous n'en dirons pas autant d'un matelot gascon, surnommé par ses camarades Pince-sans-rire. Ce sobriquet a été donné au Gascon en toute justice ; Pince-sans-rire est le garçon le plus lâchement méchant, le plus cruellement railleur qu'on puisse imaginer. Il n'a qu'une seule préoccupation, qu'un seul désir, jouer quelque mauvais tour à ceux qu'il choisit pour plastrons, pour victimes. Il va sans dire qu'il s'adresse de préférence aux faibles ; car il est passé maître en fait de poltronnerie. Malheur aux êtres inoffensifs, point de mire de ses gasconnades ! Ils ne peuvent lui échapper ; Pince-sans-rire est sûr à l'avance de l'appui de tout l'équipage.

Quelle étrange anomalie ! Parmi ces hommes destinés à disputer presque chaque jour leur existence aux vagues, il y a de nobles cœurs, des âmes généreuses s'indignant à l'idée du mal, s'animant au récit d'une bonne action.

Le marin français est profondément remué par ce qui est beau, par ce qui est bien ; il pratique la vertu instinctivement, naïvement, avec autant de laisser-aller qu'il se fait héros, si les circonstances le demandent. Comment expliquer alors cette approbation unanime accordée aux plaisanteries méchantes, aux actes de cruauté du Gascon ?

Eh ! mon Dieu, n'en soyons pas surpris. C'est là le fond du caractère national. Nous sommes gais, vifs, spirituels, généreux, cléments, hospitaliers, secourables..., mais nous aimons à rire. Qu'une occasion de nous réjouir aux dépens de quelqu'un se présente, nous la saisissons avec empressement, sans réflexion bien entendu, nous n'y mettons pas de malice, sans nous demander si notre plaisir n'arrache pas des larmes au pauvre hère dont nous faisons l'objet de nos sarcasmes.

Il n'y a donc pas lieu de s'étonner de la parfaite entente établie entre les matelots et Pince-sans-rire sur le chapitre des *bons tours*. Le Gascon est le loustic du *Vulcain* ; il amuse, il égaie la monotonie de la navigation ; à ce compte, tout lui est permis, sans préjudice néanmoins des vigoureux horions administrés parfois à l'enfant de la Garonne par une recrue médiocrement disposée à entendre raillerie.

Si les plastrons viennent à manquer parmi les matelots, Pince-sans-rire n'est pas au dépourvu. Il y a sur le *Vulcain* un petit mousse, être chétif et souffreteux, sans nom avoué, sans patrie, sans parents connus. Pince-sans-rire a bien voulu être le parrain du mousse, qu'il a appelé Souffre-Douleur. Si un cri d'enfant, cri arraché à la souffrance, frappe votre oreille, n'en recherchez pas la cause. Le Gascon vient de *faire une plaisanterie* à Souffre-Douleur. Le petit mousse a descendu sur la tête l'échelle de l'écoutille, suivant l'expression du loustic, ou bien a été *frictionné avec un bout de corde, au profit de la circulation du sang.*

Mais pendant la petite étude de mœurs à laquelle nous venons de nous livrer, le pyroscaphe a marché, marché ! Marseille depuis longtemps a disparu à l'horizon ; le montagnard, les yeux fixés sur la mer, est absorbé par le spectacle imposant qui s'offre à son admiration.

La Méditerranée, cette route ouverte à tous les peuples, est sillonnée en tous sens par d'innombrables navires.

La tartane, à voiles triangulaires, y croise le chebec aux rames empruntées à l'antique galère ; la felouque tunisienne, surnommée la Tortue par les marins, est devancée par la caravelle portugaise, cette hirondelle de mer, rasant les flots de ses voiles latines. Le croissant s'y montre à côté de la croix grecque fièrement arborée au grand mât. De tous côtés, à la surface de la nappe liquide, d'une si belle transparence, se jouent des myriades de poissons ; la *vive* darde les pointes acérées et dangereuses de ses nageoires ; le *mullet-rouget*, si recherché des empereurs romains, étale complaisamment les éclatantes nuances de ses écailles, en compagnie du *surmulet*, empourprant l'onde du carmin répandu à profusion sur son dos irisé de lignes dorées.

Le temps passe vite, lorsque l'imagination se donne carrière. Le *Vulcain* dévore l'espace, et Julien, tout entier à sa contemplation, ne s'en aperçoit pas.

Déjà cependant apparaissait le pic chenu du Rotondo, et à bord on saluait du cœur et du regard le berceau de cet autre Charlemagne, du vainqueur d'Austerlitz, de Wagram et de Marengo.

Un peu plus loin, se dessinait entre deux terres une bande déliée d'argent, le détroit de Bonifacio, qui baigne les rivages de la Corse et de la Sardaigne ; puis les deux promontoires de Sassari et de Teulada projetant leurs assises rocheuses.

Julien fut tout à coup arraché à son admiration par de bruyants éclats de rire partis de l'avant ; il leva machinalement la tête et aperçut le mousse Souffre-Douleur suspendu par les cheveux à une vergue et se tordant en des mouvements convulsifs. Le montagnard s'approcha vivement du groupe qui entourait l'enfant ; celui-ci, fou de douleur, poussait des hurlements affreux. Et le Gascon, au comble de l'hilarité, se livrait à des gambades désordonnées ; les assistants battaient des mains, afin de témoigner du plaisir qu'ils prenaient à cette *bonne farce !*

Ne pouvant contenir son indignation, le remplaçant de Joseph détacha Souffre-Douleur, et s'écria :

— Qui a eu l'ingénieuse idée de mettre cet enfant en si piteux état ?

— Moi, se hâta de répondre Pince-sans-rire, radieux et s'attendant à un compliment.

— Vous ! repartit Julien. J'en suis fâché pour vous ; vous êtes un lâche ; vous déshonorez votre uniforme ; les marins français ne se recrutent pas chez les cannibales ! Et vous, mes amis, pouvez-vous permettre froidement qu'on torture en votre présence un être faible, sans défense, un être qui, à cause de sa faiblesse même, a droit à notre protection ? Non, non, vous n'êtes pas cruels. On donne le change à vos instincts généreux. Ce bateleur inhumain égare vos consciences, en voilant avec les dehors d'une innocente plaisanterie sa bouffonne férocité.

Cette véhémente sortie ne tourna pas à l'avantage de Pince-sans-rire. Tous les matelots s'entre-regardaient en se disant :

— Il a raison, le jeune homme. C'est vrai, le Gascon fait mal à Souffre-Douleur ; nous n'y avions pas pris garde.

Et un vide se fit autour du persécuteur du moussé, pendant que le pauvre petit, tout tremblant encore, cherchait un refuge auprès de l'inconnu auquel il devait sa délivrance.

Le Gascon, étourdi d'abord de son isolement, comprit que c'en était fait de son prestige, s'il ne payait d'audace.

— Brave chevalier errant, ignorez-vous qu'il y a péril à naviguer dans les eaux de Pince-sans-rire ? Quel fatal génie vous a jeté sur mon passage ? Quelle mouche vous pique, beau fils ? Qui donc êtes-vous, valeureux Don Quichotte, champion superbe des opprimés ?

— Qui je suis, effronté railleur ? Soldat du roi, pour servir ma patrie ; homme de cœur, pour châtier la brutalité et l'insolence !

— Tout doux, messire Rabat-Joie. Vous vous échauffez la bile. En mer c'est dangereux. Peste ! c'est carrément parlé au moins. S'en serait-on douté ? Monsieur, nouvel Hercule, parcourt le monde à l'effet de purger des monstres la terre en général et la Méditerranée en particulier. Quelle rude besogne ! Qu'avez-vous fait de la peau du lion de Némée, beau fils ?

On s'aperçoit aisément aux bribes mythologiques dont il enrichit sa harangue, que Pince-sans-rire est un échappé des écoles.

— Vous n'êtes pas au bout ?

— Pas encore. Je prends mes aises..... Vous êtes soldat, séduisant Rabat-Joie ? Je vous crois sur parole, bien qu'il me fût permis, en considérant cet air candide et ce costume champêtre, de révoquer en doute votre assertion. Vous servez probablement dans le vingt-quatrième plongeurs à cheval ? Je serais curieux de....

Le Gascon ne put pas achever ; une main vigoureuse lui serrait le cou comme dans un étau. Dans l'impossibilité d'articuler un son, il portait alternativement les yeux sur Julien, dont il semblait implorer la clémence, et sur les assistants, que, dans son langage muet, il suppliait éloquemment d'intervenir. Personne ne bougeait. Une voix se contenta de hasarder :

— Vous allez l'étrangler à coup sûr !

— Soyez sans crainte, repartit le montagnard ; je n'en veux pas à sa vie ; je désire uniquement lui donner une leçon qui lui profitera à lui-même, et aussi au petit mousse.

Puis, se tournant vers Pince-sans-rire, frissonnant de terreur :

— En avez-vous assez ?

Le Gascon fit un signe affirmatif.

— Trouvez-vous qu'il soit réjouissant d'être malmené par plus fort que soi ?

Signe négatif.

— Prenez-vous l'engagement de cesser vos indignes persécutions contre Souffre-Douleur ?

Nouveau signe affirmatif.

— Promettez-vous de faire amende honorable à vos camarades que vous n'avez pas rougi d'associer à votre méchanceté en leur pervertissant le sens moral ?

Autre signe d'adhésion.

— Puisqu'il en est ainsi, vous êtes libre. Mais n'y revenez plus.

Le Gascon, débarrassé des rudes étreintes du jeune soldat,

alla tout penaud cacher sa honte dans l'entre-pont, non sans murmurer :

— Le coquin! a-t-il le poignet solide!

En ce moment le sifflet de maître Rudiger se fit entendre. Tous les marins, à ce signal, se précipitèrent vers l'écoutille, en faisant de la tête à Julien un salut amical ; quelques-uns même trouvèrent le temps de lui donner une vigoureuse poignée de main, nonobstant leur impatience légitime de répondre à l'appel du terrible quartier-maître.

Quel changement opéré en quelques minutes ! Ces hommes, à l'écorce grossière, insensibles naguère aux tourments de Souffre-Douleur, feraient à présent un mauvais parti à celui qui s'aviserait de le regarder de travers. Désormais le mousse a pour lui l'équipage. Il n'a fallu que les accents d'une vertueuse indignation pour rendre à elles-mêmes ces natures généreuses au fond ; tant il est vrai qu'il est facile de ramener au bien les multitudes égarées, lorsqu'on a le courage de les heurter en face.

Le mousse, demeuré seul avec Julien, lui prodigua les marques de la plus vive reconnaissance. L'enfant exposa en détail ses quotidiennes tribulations à son sauveur. Ce récit fit ressortir davantage la malice du Gascon.

— Pauvre petit! Tu as bien souffert! Heureusement tes peines sont finies. Prends courage ; le règne de Pince-sans-rire est passé ; oublie tes maux ; pardonne à ton persécuteur, et mets ta confiance en Dieu : jamais il n'abandonne ceux qui l'invoquent. Si le sort continue à t'être contraire (cela n'arrivera pas, j'en ai la ferme assurance), prie avec ferveur : la prière fait tant de bien ! Tu ne connais pas l'auteur de tes jours ! Dieu sera ton père. N'est-il pas le père de tous les humains, grands et petits? Tu n'as jamais reçu les caresses d'une mère ; ton enfance n'a pas été bercée dans son sein! Puisque la mère de la terre t'a abandonné, mon enfant, reporte ton amour sur cette autre mère qui est dans le ciel. Les orphelins ne sont-ils pas les enfants d'adoption de la sainte vierge Marie? Elle a tant souffert elle-même des angoisses de son divin fils, que son cœur, trésor inépuisable de charité, est ouvert à tous les affligés qui cherchent en elle un refuge!

A ces paroles, dites avec simplicité, mais avec âme, des larmes d'attendrissement mouillèrent les yeux de Souffre-Douleur. Dans l'effusion de la plus profonde gratitude, il couvrit de baisers les mains du jeune soldat.

— Oh! oui, mon bienfaiter, mon ami, je suivrai avec empressement vos salutaires conseils, je penserai au bon Dieu, et matin et soir je redirai cette petite prière, que m'a apprise une dame pieuse et charitable qui m'a soigné dans une grave maladie : « Dieu, plein de miséricorde, vous dont la providence s'étend à l'universalité des créatures, donnez-moi la force, la santé, la résignation. Accordez-moi la grâce de vous aimer toujours; préservez-moi du péché, le plus grand de tous les maux; faites, mon Dieu, que je pardonne à ceux qui m'ont offensé, afin que je puisse moi-même un jour obtenir mon pardon de vous. »

— Très-bien, mon cher enfant; je suis heureux de ces sentiments chrétiens. Aie de la persévérance, tu ne t'en trouveras pas mal. Séparons-nous à présent; on pourrait avoir besoin de toi; et il faut avant tout de la ponctualité dans le service.

Le mousse fit au montagnard un gracieux salut et s'éloigna.

Quelques heures après les événements que nous venons de raconter, le soleil était arrivé au terme de sa course. On était à la hauteur des îles Baléares, et Majorque était relevée dans la direction de la péninsule hispanique. Les ombres descendaient par degrés de l'orient vers l'occident, et la nuit allait envelopper de son voile sombre la mer et les hardis navires glissant à sa surface.

Pas un nuage ne se voyait au ciel; et cependant l'atmosphère n'avait pas cette pureté, cette transparence propres aux régions méridionales. Peu après la lune montra son disque, noyé dans un océan de vapeurs; et les étoiles n'envoyèrent qu'une lueur pâle et incertaine.

Maître Rudiger interrogeait l'horizon d'un regard inquiet. Le rigide quartier-maître paraissait préoccupé, soucieux. Personne ne sonnait mot. Le capitaine se décida pourtant à lui adresser la parole.

— Que lisez-vous donc là-haut, vieux loup de mer?

— Je lis.... je lis que la nuit sera rude!

— Toujours prophète de malheur, Rudiger! Vous êtes toujours le même.

— Prophète de malheur ou non, je dis qu'il est prudent de prendre toutes ses mesures; car il se prépare un mistral un peu soigné.

— Le mistral! Vous plaisantez! Nul indice ne fait présager le vend du nord-ouest.

— Apercevez-vous, capitaine, ce point noir paraissant venir du golfe de Gascogne?

— J'aperçois ce point.

— Eh bien! ce point noir est le signe précurseur du mistral; cet indice ne m'a jamais trompé : je connais ma Méditerranée.

Par une déplorable fatalité, le capitaine s'était mis en tête de croire que son quartier-maître était dans l'erreur; le bas Breton ne revenait jamais sur une opinion arrêtée; aussi aucune précaution ne fut prise pour atténuer les effets d'un coup de mer.

Un matelot, pour faire sa cour au capitaine, s'aventura à dire :

— Le mistral dort pour le quart d'heure.

— Qui t'a demandé ton avis? répliqua Rudiger courroucé. Tu oses contredire ton contre-maître; tu as enfreint la discipline ; ce cas est prévu par les règlements. Douze heures d'arrêt.

En vain le capitaine fit observer au pointilleux loup de mer que le matelot s'était borné à approuver la manière de voir du commandant du navire ; rien ne put désarmer Rudiger. Il avait prononcé ; la punition fut maintenue.

La prédiction du loup de mer ne se vérifia que trop. A minuit, d'épaisses ténèbres enveloppaient de toutes parts le vaisseau, et le terrible vent du nord-ouest annonçait sa présence par de brusques rafales. La Méditerranée amoncelait ses flots bouillonnants. Ce n'était plus le lac tranquille ; la masse liquide frémissait comme si elle eût été soumise à l'action d'un volcan sous-marin.

Le capitaine, averti par l'officier de quart, demeura paisiblement dans sa cabine ; le prétendu mistral, affirmait-il avec assurance, n'était qu'un grain ; et le pyroscaphe pouvait sans inconvénient continuer sa route ; ordre fut même donné de chauffer de plus belle.

L'injonction du commandant était formelle, et Rudiger, enchaîné par le règlement, ne crut pas devoir se rendre auprès de son supérieur sans être mandé par lui. Il attendit avec une résignation stoïque que le *granit fût fondu* (nous empruntons cette expression pittoresque et énergique au quartier-maître), c'est-à-dire que l'entêtement du capitaine cédât en présence du péril.

Eveillés par la tourmente, les hommes de l'équipage et les passagers étaient montés en tumulte sur le pont. On s'interrogeait à voix basse ; on se communiquait ses craintes ; Rudiger, l'oracle du navire, était consulté avec empressement.

— *Le mistral nous trousse,* était l'invariable réponse de ce dernier.

— Mais nous filons cent nœuds à la minute, nous allons sombrer !

— Que voulez-vous faire à cela ? répondait Rudiger avec un calme parfait. Le capitaine l'a ordonné !

— Il faut l'informer du danger ; le cas est pressant.

— Et le règlement ? Le capitaine a défendu qu'on le dérangeât ; respect à la consigne.

Pendant ces pourparlers, la tempête se déchaînait avec furie ; les vagues déferlaient jusque sur le pont ; les mâts pliaient à se rompre. C'en était fait du *Vulcain*.

Le montagnard, présent à cette scène terrible, prit sur lui de tenter une dernière démarche auprès du Breton.

— Capitaine, s'écria avec véhémence le jeune soldat, en se précipitant dans la cabine, nous périssons, et votre équipage attend les bras croisés que vous donniez l'ordre de tenter les moyens de sauver le navire !

— Monsieur !...

— Le temps presse, il n'y a pas une minute à perdre ; songez que vous êtes responsable devant Dieu de la vie de deux cents hommes !

Il y avait dans la voix de Julien un tel accent de conviction, que le capitaine se rendit à ses instances.

Mais cette décision était tardive. Les aubes des roues avaient été mises hors d'état de servir par le même coup de mer qui avait emporté les tambours et le gouvernail ; les cordages en lambeaux fouettaient les mâts à demi rompus ; et pour comble d'infortune, dans le faux-pont s'était déclarée une voie d'eau considérable.

Le Breton ne perdit pas son sang-froid dans cette situation critique ; son énergie sembla grandir avec le danger ; il savait dès lors contre quel ennemi il avait à combattre ; c'était bien le mistral.

Embouchant le porte-voix, il s'écria :

— Pare à affourcher !

La manœuvre fut exécutée avec célérité et ensemble.

— Lâche au cabestan !

Et les deux ancres, unique espoir de salut, descendirent rapidement dans les abîmes.

Il y eut un moment de poignante anxiété. Les ancres avaient touché le fond.... Tiendraient-elles? L'attente ne fut pas longue. L'une des deux ancres dérapa, et le navire se mit à tournoyer sur lui-même avec une effrayante rapidité.

— Coupe le câble, fit entendre la voix vibrante mais calme du capitaine.

Un matelot, armé d'une hache, se mit en devoir de remplir cette périlleuse mission. Il fut entraîné par une lame. Le cri : Un homme à la mer! retentit comme un glas funèbre à l'oreille des spectateurs de cette épouvantable scène.

— Coupe le câble, répéta le commandant du *Vulcain*.

Une seconde victime alla rejoindre la première.

— Dieu leur fasse miséricorde ! murmura Julien.

— Coupe le câble, dit encore le capitaine.

Cette fois l'équipage ne bougea pas : le découragement s'était emparé de tous ces marins, cependant si braves. C'est que nous autres Français, nous affrontons gaîment le péril; mais nous voulons triompher du premier coup. Si les obstacles ne sont pas surmontés sur-le-champ, nous nous désespérons vite; aussi l'a-t-on dit bien souvent avec vérité, la persévérance n'est pas notre vertu dominante.

— Coupe le câble, ou nous coulons, cria de nouveau le capitaine, d'un ton bref et impératif.

On resta sourd à ce commandement. Rudiger lui-même demeura impassible ; il n'avait pas reçu d'ordre direct; un scrupule de discipline le retenait dans ce moment suprême.

Et le navire continuait à tournoyer comme la feuille ballottée par l'ouragan.

Soudain le montagnard monte au cabestan, saisit la hache

échappée aux mains des deux infortunés matelots, et coupe le câble fatal. Un tonnerre d'applaudissements salue cet acte d'héroïsme.

Mais le courage du conscrit n'a eu pour résultat que d'éloigner le péril. Affranchi de ses entraves, le *Vulcain* bondit sur la crête des vagues, et fuit devant la tempête.... O terreur! une éclaircie du ciel laisse apercevoir la côte! Plus d'espoir! Il faut dire adieu à la vie! La mort se montre sous son aspect le plus hideux! Alors des sanglots éclatent; des blasphèmes sont proférés; l'autorité du commandant est méconnue. Cette multitude vouée au trépas est plongée dans un abattement voisin de l'idiotisme; incapable de travailler à sa délivrance, elle ne retrouve d'énergie que pour maudire l'entêtement du Breton, pour accuser la Providence de dureté, d'injustice!

Vainement le capitaine et Rudiger s'efforcent de ramener l'équipage éperdu à l'obéissance. Les liens de la subordination sont brisés; il n'y a plus de commandant; les clameurs, les imprécations étouffent ses paroles.

Le pieux montagnard était profondément attristé de ce manque de confiance en Dieu; dans sa foi naïve, il craignait de voir s'entr'ouvrir les abîmes de la mer, pour engloutir ces malheureux dont l'impiété excitait la colère divine.

— Mes amis, s'écria-t-il, cessez vos blasphèmes; revenez à des sentiments chrétiens; songez au salut de vos âmes. Au nom de ce que vous avez de plus cher au monde, au nom de vos mères, de vos épouses, de vos enfants, qui en ce moment peut-être élèvent leurs cœurs vers le Tout-Puissant, pour attirer sur vous ses bénédictions, laissez-vous persuader; acceptez avec résignation cette épreuve cruelle. D'ailleurs, rien n'est encore désespéré. Si vous êtes jetés à la côte, vous courez les chances de vous sauver. Et puis il y a des embarcations sur le *Vulcain*; mettez-les à la mer; vous pourrez, par ce moyen, gagner sains et saufs le rivage. Mais avant de recourir à cette dernière ressource, invoquons tous le Seigneur, prions-le avec confiance de bénir nos efforts.

Il y a dans la conviction une éloquence sympathique, entraînante. Ces hommes, tout à l'heure en révolte ouverte contre la Providence, sentirent leurs instincts religieux se réveiller au souffle de cette charité évangélique.

Par un mouvement spontané, toutes les têtes se découvrirent et s'inclinèrent, et, au milieu d'un silence général, la voix de Julien s'éleva calme, solennelle, dominant le sifflement du mistral et le choc des vagues :

— « Notre Père des cieux, vos enfants vous implorent dans leur détresse ; ils vont périr, si votre main secourable n'arrête la mort prête à les frapper. Soyez-nous propice, ô Dieu clément ; que votre regard se détourne de nos iniquités ; et si nous devons être ensevelis dans les flots, pardonnez-nous nos péchés et recevez-nous dans le séjour des justes ! » A l'œuvre maintenant, mes amis.

Aussitôt la chaloupe et le canot sont mis à la mer. Le capitaine, Rudiger et le montagnard président à l'embarquement. Cette opération délicate est accomplie sans le moindre désordre. Les passagers doivent être embarqués les premiers ; Julien refuse d'une manière absolue de jouir de cette faveur ; sa présence est encore nécessaire sur le navire.

Les deux embarcations s'éloignent. Il reste à bord l'équipage, le commandant et notre héros.

La côte se dessine à l'avant ; on distingue à l'œil nu des roches escarpées.

Tout à coup une violente secousse fait trembler le vaisseau dans sa membrure ; il a touché, il s'incline sur le flanc de bâbord, et les vagues balaient le pont avec furie. Les écoutilles sont heureusement fermées ; les naufragés s'accrochent à la muraille de tribord, pendant que Rudiger, par le commandement du capitaine, se jette à la mer avec un des plus vigoureux matelots. Les deux intrépides marins nagent vers le rivage, le corps ceint d'une grosse corde, dont l'un des bouts est solidement amarré au cabestan; le jour est venu; du *Vulcain*, on assiste à une lutte désespérée. Vingt fois Rudiger et son compagnon sont sur le point d'atteindre la rive, vingt fois ils sont entraînés, meurtris, brisés par le ressac. Enfin leur héroïque dévouement est couronné de succès. Ils sont à terre. Sans perdre de temps, ils attachent la corde à un rocher, et font signe aux naufragés de venir les rejoindre.

Mais cette voie est périlleuse; il y a un instant d'hésitation parmi les matelots. Julien les encourage et offre d'accompagner celui qui veut tenter l'entreprise; sa proposition est acceptée. Le premier voyage s'effectue sans encombre. Julien retourne au navire. Toute crainte est désormais bannie, et l'équipage est sauvé.

Le commandant, précédé du montagnard, abandonna le dernier le pyroscaphe entièrement couché sur le flanc, la quille hors de la mer.

La chaloupe et le canot avaient pu atterrir sur un autre point de la côte. Dans la matinée le capitaine eut la joie de réunir tout son monde.

Deux jours après, recueillis par un brick français, les naufragés entraient dans le port d'Oran.

VI.

LES TROIS PREMIERS MOIS DU CONSCRIT.

Les formalités sanitaires et les exigences de la douane retardèrent le débarquement de Julien ; aussi, lorsque, fidèle à la promesse faite à Tarbes, il se rendit chez M.. N***, colonel du....ᵉ de ligne, la nouvelle du naufrage du *Vulcain* s'était déjà répandue à Oran.

— Vous êtes ponctuel, mon brave montagnard ; vous êtes à peine débarqué, et je reçois votre visite. Je vous sais d'autant plus gré de votre exactitude, de votre attention délicate, que vous auriez pu sans crime m'oublier un peu. On pardonne volontiers aux héros de manquer de mémoire.

— Ma parole d'honneur, mon colonel, je ne vous comprends pas.

— Vous y mettez de la modestie. Ah ! vous pensez peut-être qu'en Afrique la Renommée a des ailes de plomb ? Détrompez-vous ; cette déesse a ici des allures aussi vives qu'en France. Nous savons la noble conduite d'un certain conscrit lors de la catastrophe qui a amené la perte d'un vaisseau de l'État.

— Je ne me serais pas douté que l'action la plus simple....

— Pour vous, soit! Mais permis à d'autres d'apprécier différemment cette action. On ne se distingue pas impunément; et si j'en crois un bruit général, le commandant du *Vulcain* ne se propose rien moins que de vous signaler à l'attention du gouverneur de l'Algérie, dans un ordre du jour motivé. Que dites-vous de cela?

— Que le capitaine du *Vulcain* me fait trop d'honneur.

— Pour le coup, je vous proclame l'humble des humbles. Ce n'est pas vous qui cherchez la gloire, c'est la gloire qui est mise en demeure d'aller vous chercher. Prenez-en votre parti à l'avance, mon cher Julien, on vous forcera la main, et vous serez déclaré brave malgré vous.

— Mon colonel....

— Qu'il n'en soit plus question; je respecte vos scrupules. Parlons de votre entrée au régiment. C'est moins glorieux que l'ordre du jour.... Bon! encore une atteinte à votre modestie! c'est la dernière. Ne baissez pas les yeux ainsi.

Le colonel s'amusait beaucoup de l'embarras du montagnard.

— J'ai parlé de vous au capitaine de la compagnie dans laquelle vous allez être incorporé. Cet officier vous rendra facile le pénible apprentissage du métier des armes. Vous aurez pour instructeur un vieux sergent, auquel je vous ai recommandé; il a ordre de vous faire marcher vite. Attendez-vous par conséquent à travailler. Je sais que le travail ne vous effraie pas, et que vous avez le désir d'arriver à quelque chose. Mais prenez-y garde, le sergent exigera beaucoup de vous, précisément parce que j'attends de lui des soins tout particuliers; c'est un grognard dans toute la force du terme, méthodique comme un soldat prussien, d'une exactitude proverbiale, ne connaissant que le service, mais honnête, moral et susceptible d'attachement. Sous cette rude écorce bat le cœur d'un galant homme.

Mon choix vous paraîtra peut-être bizarre. Et pourtant ce

choix m'a été dicté par l'intérêt que je vous porte. Vous auriez pu être confié à quelque jeune sous-officier, qui, dans le but de me plaire, aurait eu pour vous des ménagements ; ces ménagements vous auraient été plus nuisibles qu'utiles : ils auraient retardé votre instruction militaire, et par suite votre avancement. Je compte assurément sur votre bonne volonté ; mais le bon vouloir a besoin d'un stimulant, sans lequel il pourrait s'attiédir.

Avec vos camarades, vous aurez besoin d'être circonspect. Soyez complaisant, obligeant pour tous ; mais ne formez pas de liaison à la légère ; on se repent plus d'une fois de s'être trop pressé à se créer de prétendus amis ; on s'aperçoit bientôt que ces relations nouées à la hâte sont dangereuses ; on veut alors à tout prix briser les chaînes que l'on s'est volontairement forgées, et de la rupture naissent presque toujours des inimitiés implacables.

Dans votre compagnie, il y a de très-bons soldats ; il en est aussi quelques-uns qui laissent à désirer sous le rapport de la conduite, ou qui mettent de la négligence dans l'accomplissement de leurs devoirs ; recherchez la société des premiers, tenez-vous dans une sage réserve à l'égard des autres. Ne perdez pas un seul instant de vue les égards dus à vos chefs : le respect envers les supérieurs est le fondement de la discipline. Mais pas de bassesse. Sachez allier l'obéissance à la dignité. Conduisez-vous en toutes circonstances comme un homme qui comprend la nécessité de la subordination ; mais respectez-vous, si vous voulez qu'on vous respecte.

J'appellerai toute votre attention sur un point d'une haute importance. Malgré toute la sévérité de notre pénalité, on n'est pas encore parvenu à bannir complétement l'ivrognerie de notre armée. Vous trouverez des soldats assez peu soucieux de leur honneur et de leurs intérêts pour se plonger périodiquement dans un état complet d'ivresse ; et cependant cette funeste habitude a trop souvent des conséquences terribles : insubordination, désertion momentanée, sévices envers les chefs, toutes fautes punies avec la dernière rigueur; et le coupable ne trouve même pas d'excuse dans la perte volontaire de sa raison ; car le code militaire *ne punit pas le vin, mais l'homme*. Il m'en coûte beaucoup, mon ami, de vous signaler un vice si honteux, si dégradant; vous vous imaginerez peut-être que je vous crois capable de vous abandonner à des excès de cette nature. Loin de moi une semblable pensée. Nos courts entretiens à Tarbes ont suffi pour m'édifier sur la pureté de vos mœurs; et puis l'éducation que vous paraissez avoir reçue rend cette supposition impossible. Mais l'occasion quelquefois met en péril la tempérance. Un camarade est promu au grade de caporal, de sergent; il faut *arroser les galons;* on porte des toasts, les têtes s'échauffent, et la raison reste ensevelie au fond de la bouteille ; on a un grand nombre de camarades ; ces circonstances peuvent se présenter fréquemment; et comme les mêmes causes produisent les mêmes effets, vous devez facilement comprendre qu'avec les meilleures intentions de se conserver sobre, on s'habitue par degrés à mettre en pratique une tout autre vertu que la sobriété. D'où je conclus, mon cher Julien, qu'il sera prudent de fuir ces réunions où vient s'asseoir la débauche.

Mon office de Caton est achevé. Plaise à Dieu que vous n'ayez trouvé dans mes paroles rien de blessant ! Je n'ai eu qu'un seul désir, en vous donnant ces conseils, celui de vous voir suivre honorablement la carrière militaire.

Le montagnard remercia avec effusion le colonel, et l'assura de sa profonde gratitude.

— Laissons là les remercîments, mon ami. Je vous garde chez moi le reste de la journée. Pour aujourd'hui je suis encore M. N***; demain vous trouverez en moi le colonel.

Le lendemain le conscrit fit son entrée à la caserne, où l'avait précédé sa réputation de bravoure. On voulut fêter sa bienvenue, *boire* à son héroïsme, à son bâton de maréchal à venir. Julien se montra touché des témoignages de sympathie de ses nouveaux camarades, mais refusa de prendre part au banquet préparé à la cantine, alléguant les fatigues de la traversée. On insista ; ce fut inutile ; il maintint son refus avec politesse, mais avec fermeté. Ce qui fit dire à un soldat du centre honoré de deux respectables chevrons :

— Il est insensible au jus de la treille, le conscrit. C'est peut-être un muscadin. On verra.

Présenté au sergent instructeur, Julien réclama son indulgence.

— Vous serez assez bon, lui dit-il, pour excuser ma gaucherie et me tenir compte des efforts que je ferai pour mettre à profit vos leçons.

— C'est bien, c'est bien, mon garçon, répliqua le grognard ; vous avez le feu sacré. C'est toujours comme ça. Au début, le *troubadour* est tout ardeur ; il voudrait être *à perpétuité* à l'exercice ; il coucherait son fusil avec lui, si on le laissait faire. Mais ça ne dure pas, et la *clarinette de six pieds* paraît bientôt un instrument gênant. Nous vous verrons venir comme les autres. Il m'en est tant passé par les mains, que je ne me laisse pas prendre à ces protestations d'un beau zèle. Enfin suffit.

— Quand commencerons-nous ? reprit le montagnard.

— En tient-il le petit ! grommela le sergent. Ça vous talonne donc bien, jeune homme ? Quelle démangeaison d'échanger l'épaulette de laine contre la *graine d'épinards* ! Le colonel aurait-il eu raison de me vanter son protégé comme une recrue hors ligne ? Ma foi, puisque l'exercice a pour vous tant de charmes, je n'aurai pas la cruauté de mettre plus longtemps votre patience à l'épreuve.

Placez-vous en face de moi ; rapprochez les talons ; laissez pendre vos bras naturellement ; la tête droite. Là, comme ça. Attention maintenant. Tête droite. A merveille ! Votre rayon visuel se dirige vers la gauche ! D'où diable sortez-vous ? Vous ne savez pas encore distinguer le côté gauche du côté droit. Recommençons ; et ne vous troublez pas. Tête droite. Bien. Tête gauche. Bien encore. Tête droite. Très-bien. Fixe. C'est ça. Nous irons, nous irons ; il y a de l'intelligence.

Passons à quelques mouvements préliminaires. Prenez la position du soldat au port d'armes. Pas trop mal. Cependant il y a de la raideur dans le cou ; les jambes pèchent aussi ; ne les disposez pas en triangle ; la pointe du pied en dehors ; faites sentir les coudes ; ce serait difficile, puisque vous êtes seul ; le petit doigt sur la couture de la culotte ; le regard fixé devant vous. Très-bien. Vous y êtes. Mais c'est que ça va tout seul. Attention au commandement. Jambe droite. La pointe du pied un peu plus en dehors. Jambe gauche. Encore un peu plus en dehors la pointe du pied. Jambe droite. Jambe gauche. Jambe gauche. Jambe droite. Si vous continuez, je demande pour vous au colonel les *sardines*.

Procédons maintenant à une évolution un peu plus difficile. Si vous vous en tirez convenablement, je vous mets demain un fusil entre les mains. Il s'agit d'attraper le *par flanc droit* et le *par flanc gauche*. Ce n'est pas malin après tout. Je vais vous expliquer ces deux mouvements. Soyez tout oreilles.

Pour exécuter le *par flanc droit*, on ramène le pied droit derrière le talon gauche, en formant avec les pieds deux angles égaux ; dans cette position, on pivote sur le talon droit et l'on ramène vivement le pied gauche de manière à figurer, par la jonction des talons, un angle aigu. Le *par flanc gauche* est l'inverse du *par flanc droit*. On place le pied gauche perpendiculairement au pied droit dirigé en avant ; on pivote sur le talon gauche, et le reste comme pour le premier mouvement. Avez-vous saisi cette explication ?

— Je l'espère.

— *Garde à vous*. Vous avez déjà la précision d'un troupier

d'élite, vous avez parfaitement compris. Le commandement *garde à vous* signifie en effet : Tenez-vous prêt à exécuter une évolution.

Garde à vous. Tête droite. Tête gauche. Fixe. Très-bien. Tête gauche. Tête droite. Fixe. En avant, marche. Une, deux, une, deux, une, deux. Pas accéléré, marche. Une, deux, une, deux. Halte. On jurerait que vous avez fait l'exercice toute votre vie. Garde à vous. Par le flanc droit, droit. Bien. En avant, marche. Une, deux, une, deux. Halte. Fixe.

Attention. Par le flanc gauche, gauche. Admirablement exécuté. En avant, pas accéléré, marche. Une, deux, une, deux, De plus en plus fort. Halte. Fixe. En place, repos.

— Comment vous nomme-t-on ?

— Julien.

— Eh bien ! mon cher Julien, je vous adresse mes bien sincères compliments ; vous voilà lancé sur le chemin de la fortune ; dès à présent, au fond de votre giberne est enfoui votre bâton de maréchal ; il s'agit seulement de savoir l'en tirer ; vous avez tout ce qu'il faut pour mener à bonne fin cette entreprise délicate et difficile ; car vous êtes du bois dont on fabrique les maréchaux.

Le montagnard arrêta le vieux sergent dans l'élan de son enthousiasme, et il était temps : le grognard, lancé sur cette voie, l'eût conduit jusque sur les marches du trône.

— Vous procédez avec rondeur, sergent ; il serait à désirer pour moi que la distribution des grades fût de votre domaine. Malheureusement il n'en est pas ainsi, et le gouvernement, à cet égard, n'y voit pas tout à fait de la même manière que vous. Quoi qu'il en soit, je vous suis infiniment obligé des espérances flatteuses que vous avez conçues de votre indigne élève ; vous pouvez compter que je mettrai tous mes soins à ne pas donner un démenti à votre prophétie.

A partir de ce jour, la plus franche entente s'établit entre le grognard et le conscrit. Il n'en pouvait pas être autrement ; car, si le sergent ne ménageait pas sa peine pour former son élève, celui-ci, par une attention soutenue et par un travail incessant, prouvait qu'il sentait tout le prix des excellentes leçons de l'instructeur.

Les progrès sont rapides, lorsqu'on est mu par l'ambition légitime de conquérir sa place dans le monde, et lorsqu'on a à cœur de répondre à l'attente d'un protecteur bienveillant. Le montagnard, après trois mois passés au régiment, possédait à fond sa théorie ; la charge en douze temps, ce *carré de l'hypothénuse* du soldat, lui était familière : il allait dire adieu à l'école de peloton et être admis au bataillon.

Mais pour en arriver là, l'enfant des montagnes n'avait pas été exempt de déboires. Bien qu'il fût ouvertement protégé par le colonel, par le capitaine de sa compagnie, peut-être même à cause de cette faveur, il avait à souffrir de la part des enfants perdus du régiment, qui ne lui avaient pas pardonné sa supériorité marquée, ses refus constants de hanter la cantine et les cabarets, et surtout l'ordre du jour dans lequel le gouverneur de l'Algérie avait loué hautement la conduite de Julien lors du naufrage du pyroscaphe.

Quelques sous-officiers vétérans dont les états de service étaient déplorables n'avaient pas craint de s'associer à ces honteuses menées, et de faire retomber sur le *chéri du colonel* leur mécontentement d'*être incompris*. Ces pères nobles du chevron se posaient en incompris, parce que l'avancement n'était pas la récompense de leur incapacité ou de leur morale douteuse. Aussi les corvées n'avaient pas été épargnées au remplaçant de Joseph. S'il se présentait quelque chose de pénible, de rebutant, vite le montagnard. Et comme le montagnard ne se plaignait jamais, comme avant tout il obéissait à la consigne, quelque dure, quelque injuste qu'elle fût d'ailleurs, cette petite guerre à coups d'épingles se perpétuait.

Ce n'est pas à dire pour cela que notre héros ne souffrît pas de cette hostilité tracassière de quelques-uns de ses camarades; son âme en était attristée; il se laissait alors aller au découragement; mais quand il voyait son courage près de l'abandonner, il recourait à la prière, et avec la prière le calme et l'espoir renaissaient dans son cœur.

Ce qui pour un homme vulgaire eût été une source de regrets était pour Julien un puissant motif de consolation. Le sacrifice de sa liberté, en faveur du fils de Mathurine, ne lui causait aucune amertume; ce sacrifice, au contraire, lui faisait supporter avec résignation les constantes attaques de ses envieux.

— C'est pour Joseph et sa famille que je souffre, disait-il; j'ai assuré le repos et l'existence de deux vieillards. N'est-ce pas une large compensation à mes *contrariétés?*

Et jamais une plainte ne sortit de la bouche du montagnard. Lorsqu'il écrivait à Joseph, ce qui arrivait souvent, il lui vantait les charmes et les agréments de la vie militaire, et s'applaudissait hautement de s'être fait soldat.

Jugeons-en par ce fragment d'une de ses lettres :

« ...... Tout bien pesé, mon cher Joseph, j'avais raison de te dire à Cauterets qu'en me laissant partir à ta place, tu ne contractais aucune obligation envers moi. Tu m'as donné une existence nouvelle, tu m'as procuré l'occasion de me rendre utile à mon pays, tu m'as ouvert la route de la gloire et des honneurs. Que pouvais-tu faire qui fût plus à mon avantage? C'est donc moi qui suis et demeure ton obligé. Merci, mon cher Joseph, merci mille fois du service que tu m'as rendu! Je suis heureux à Oran, comme le rat du bon la Fontaine dans son fromage de Hollande. Mes camarades et les sous-officiers sont remplis d'attentions pour moi ; ils font tout ce qui dépend d'eux pour me rendre le service agréable; c'est à qui m'aidera à me tirer des embarras inhérents au noviciat militaire; tu vois donc que j'ai pris le bon lot, et que je t'ai abandonné, non pas le mauvais, car tu es auprès de tes parents, mais le moins beau et le moins profitable.... »

Quelle grandeur d'âme dans cette nature primitive ! Que de délicatesse dans le dévouement ! Quelle élévation dans les sentiments !

Courage, pieux enfant de la montagne, courage ! Dieu a l'œil sur toi ; il ne délaisse jamais les siens ! Sa providence et sa bonté sont infinies ! Prends patience, l'heure du triomphe sonnera bientôt.

Julien était donc passé au bataillon, ainsi que nous l'avons vu plus haut ; et cependant il n'y avait que trois mois qu'il était au régiment. Ce qui avait fait prendre au colonel cette détermination, c'étaient les rapides progrès du jeune soldat et aussi les tracasseries auxquelles il était en butte ; car le vieux sergent avait fini par tout savoir ; le capitaine de la compagnie en avait été informé, et celui-ci avait porté les faits à la connaissance du colonel.

Les ennemis de Julien avaient travaillé à son avancement. C'est ainsi que la Providence fait tourner les projets des méchants à leur confusion.

Voilà donc notre héros soldat tout de bon. Dès lors il médite un plan dont l'exécution est ajournée jusqu'au jour où il sera promu au grade de caporal. Il sait qu'il ne peut rien entreprendre d'utile avant d'avoir une certaine influence sur ses compagnons. Aussi avec quelle impatience les galons sont désirés !

Cependant une grande revue se prépare. Bien des espérances sont éveillées. De nombreuses promotions doivent avoir lieu dans l'armée d'Afrique, et les régiments en garnison à Oran doivent y prendre une large part. — L'heure de la revue vivement attendue est enfin arrivée ; cavalerie et infanterie se rangent en bataille sur le champ de manœuvres ; un brillant état-major s'avance, précédé du général commandant la division ; les corps de musique exécutent leurs marches guerrières les plus entraînantes ; puis le silence se fait. Le général passe devant le front de chaque régiment ; arrivé devant Julien, il s'arrête et dit en souriant avec bienveillance :

— Je vous connais, jeune homme, vous êtes le conscrit du *Vulcain ;* on a écrit au ministre de la guerre que notre armée d'Afrique compte un brave de plus.

Le général s'est éloigné, et ces paroles retentissent encore à l'oreille du montagnard.

L'inspection des troupes terminée, un officier supérieur d'état-major proclame les noms de ceux qui ont obtenu le brevet d'officier ou la croix de la Légion d'honneur. Ensuite le capitaine de chaque compagnie fait la même proclamation pour les sous-officiers et caporaux. Soudain le montagnard entend cet appel : Fusilier Julien hors des rangs. Et le capitaine, d'une voix fortement accentuée :

— Soldats, vous reconnaîtrez pour caporal le fusilier Julien, et vous lui obéirez dans tout ce qui sera conforme aux règlements et à la discipline. Et vous, caporal Julien, vous vous montrerez digne de la faveur exceptionnelle (1) dont vous êtes l'objet, en continuant à vous conduire en bon et brave soldat.

Le modeste grade de caporal rendit notre héros plus heureux que ceux qui venaient de recevoir l'épaulette, voire l'étoile de la Légion d'honneur. C'est que ces galons de laine lui fournissaient les moyens d'exécuter son plan.

Nous verrons dans le chapitre suivant quel était ce projet.

---

(1) Conformément aux règlements militaires, le grade de caporal ne doit être conféré qu'aux soldats ayant six mois de service. Julien était au corps seulement depuis trois mois et demi.

VII.

LA CHARITÉ CHRÉTIENNE.

Tout le monde s'accorde à louer sans restriction l'excellent esprit de l'armée française; les étrangers admirent la belle tenue de nos troupes; la précision de nos soldats dans les manœuvres fait le désespoir du Prussien. Comment se fait-il alors que le caporal Julien ait songé à se poser en réformateur de ses compagnons d'armes? Est-ce que les turbulents enfants de notre France ne sont pas transformés, lorsqu'ils ont pris le mousquet en main? Ne sont-ils pas en quelque sorte régénérés par l'uniforme? L'habitant des villes, si frondeur de sa nature, ne devient-il pas un modèle de soumission? Le campagnard, aux allures calmes et lentes, ne sort-il pas de son engourdissement pour briller ensuite par son entrain dans la mêlée? On ne s'est jamais avisé de faire de la propreté la vertu dominante du bas Breton; et pourtant, une fois soldat, le bas Breton ne néglige ni sa personne, ni ses vêtements; quelques mois ont suffi à cette métamorphose; à la sortie de l'école de peloton, l'indigène de l'Armorique (1) a fait peau neuve. Quelle réforme le montagnard médite-t-il donc?

A son point de vue, le niveau du courage n'est-il pas assez élevé? Mais la bravoure française est une monnaie qui a cours légal dans les cinq parties du monde; et le drapeau tricolore, respecté de toutes les nations, voit pâlir devant soi l'étendard de Mahomet, en même temps que son apparition jette l'épouvante chez les buveurs d'opium du Céleste Empire (2)!

Julien rend hommage aux vertus militaires de ses camarades; il ne révoque en doute ni leur intrépidité, ni leur soumission à la discipline, ni leur supériorité incontestée dans le maniement des armes, ni l'ensemble parfait avec lequel ils exécutent des évolutions si compliquées; il voudrait seulement leur voir plus de piété, plus de régularité dans les mœurs. Oui, piété et moralité, voilà les deux vertus que le montagnard désire ajouter aux autres vertus de ses compagnons d'armes.

Le projet du remplaçant de Joseph nous est révélé.

Les esprits forts ne manqueront pas de tourner en ridicule cette prétention exorbitante de l'enfant des montagnes. Transformer une caserne en un monastère, faire de rudes troupiers des moines paisibles, d'un lieu où l'on fume, où l'on boit, où l'on jure, un lieu de prière où l'on célèbre les louanges de Dieu! Allons donc! c'est une mauvaise plaisanterie! C'est le rêve d'un cerveau fêlé! Une pareille idée ne peut pas être prise au sérieux! Ce ne serait rien moins qu'énerver le

---

(1) Ancienne désignation de la Bretagne.

(2) Les Chinois s'enivrent avec l'opium que leur vendent les Anglais.

soldat; ce serait lui ôter son énergie dans la bataille; ce serait affaiblir son bras prêt à frapper un ennemi dans lequel la religion lui montre un frère. De guerriers allant à la messe, de guerriers se confessant et communiant, que peut-on attendre? Avec de tels défenseurs, les empires les plus solidement établis ne peuvent espérer que...... leur chute!

Pauvre Julien! quelle tempête il soulève! La croix et le glaive, quelle étrange alliance!

Eh! mon Dieu, messieurs les esprits forts, ne vous en déplaise, la croix et le glaive n'ont pas toujours été désunis; et si nous avons bonne souvenance, il y a eu des ordres religieux et militaires à la fois, dont les chevaliers se consacraient à la défense de la religion, de l'Etat, des veuves et des orphelins. Les chevaliers de Malte (hospitaliers ou chevaliers de Saint-Jean de Jérusalem), qui eurent pour premier grand-maître Gérard Tom de Martigues, les chevaliers du Temple, les chevaliers de l'ordre Teutonique, ont accompli, nous le savons, de grandes choses. Les premiers, assiégés dans l'île de Rhodes et réduits à leurs propres forces, ont longtemps tenu en échec les flottes et les innombrables bataillons de Soliman le Magnifique; les uns et les autres ont acquis un renom de bravoure, laquelle n'a pas été contestée même par les détracteurs de ces ordres; et cependant les chevaliers de Malte, les templiers, les chevaliers teutoniques ne dédaignaient pas les exercices de piété; ils approchaient régulièrement du tribunal de la pénitence, ils assistaient au saint sacrifice, prenaient place au banquet eucharistique, et leur courage, loin d'en être affaibli, ne faisait que s'accroître; et il semble en effet naturel que le guerrier se batte avec plus d'ardeur, lorsqu'il a la conscience en repos, lorsqu'il s'est réconcilié avec Dieu, parce qu'alors aucune préoccupation ne gêne son action.

Mais, objecteront les esprits forts, votre montagnard veut donc faire de l'armée française une confrérie de Porte-Glaives (1)? Pas le moins du monde. Julien connaît le proverbe : « Autre temps, autres mœurs. » Aussi n'a-t-il pas l'ambition de restaurer un ordre de choses impossible, de créer un Etat dans l'État. Notre héros est beaucoup plus modeste ; il est désireux d'habituer à la prière le soldat et de substituer les bonnes mœurs à la licence des camps et de la caserne. Voilà son crime, messieurs les pyrrhoniens. Veuillez passer condamnation.

Cette digression aura suffi pour mettre en lumière le projet du nouveau caporal. Voyons maintenant notre réformateur à l'œuvre.

Pour porter la première attaque aux préjugés, Julien choisit un jour de garde. Au poste il y a désœuvrement complet; et ce désœuvrement doit amener des causeries intimes. On est à la fin de février ; les soirées sont encore fraîches à Oran. Il fait bon de se presser dans le corps de garde autour du poêle.

Le sergent ronfle bruyamment, enveloppé dans sa capote ; auprès du foyer commun, assis sur des escabeaux de bois, se trouvent cinq ou six soldats et le caporal.

La conversation roule sur une expédition d'une colonne mobile qui arrive du Djurjura (2).

— Savez-vous bien, caporal, qu'il a fait chaud dans les parages des Portes-de-Fer (3)? Ces gredins de Kabyles ont le diable au corps et se battent comme des démons.

---

(1) Cet ordre militaire et religieux fut fondé en 1202, par Albert d'Apeldern, évêque de Livonie, pour conquérir les pays habités par les païens.

(2) Chaîne de l'Atlas, dans l'Afrique septentrionale.

(3) Défilé du Djurjura.

— J'ai entendu parler de cette affaire, reprit le caporal ; nos valeureux fantassins ont eu bien du mal ; mais ils ont fini par triompher de nos éternels ennemis.

— Nous avons été vainqueurs, c'est vrai, repartit le tambour ; mais ça n'a pas été sans éprouver de grandes pertes ; car, outre un grand nombre de pauvres *pousse-cailloux*, qu'on ne mentionne que pour mémoire, la colonne mobile a perdu deux capitaines, trois lieutenants, cinq sous-lieutenants, et je ne sais combien de sergents-majors et de sergents. Satanés Kabyles, ils ne respectent ni l'épaulette ni les galons.

— Est-il bon, le tambour, dit un quatrième interlocuteur, connu dans la compagnie sous le sobriquet de Goliath, probablement parce qu'il était d'une force herculéenne, est-il bon, le tambour, de s'étonner que les gardes du corps de Sa Majesté Abd-el-Kader prennent pour point de mire l'épaulette et les galons d'or, au lieu d'ajuster l'épaulette de laine ou la *patte de crapaud* du simple *troubadour!* Tu ne sais donc pas, naïf musicien à tour de bras, que ces *braves gens* ont une prime pour chaque officier et chaque sous-officier qu'ils descendent? Comment expliquer autrement l'empressement de ces *Peaux-d'olive* à couper la tête aux blessés et aux morts?

— Quelle cruauté! quelle barbarie! dit Julien. Tuer un ennemi, c'est le droit de la guerre ; mais le mutiler, c'est un luxe d'atrocité qui ne peut s'expliquer que par l'absence de tout principe moral, de toute croyance religieuse. Car enfin, tant qu'un ennemi est debout sur le champ de bataille, il est de notre devoir de chercher à le mettre hors de combat ; mais lorsqu'une blessure l'empêche de faire usage de ses armes, il y a lâcheté à le frapper! Les blessés ne sont plus pour nous des adversaires, ce sont des frères qui souffrent et qui ont droit à notre assistance. C'est une loi d'humanité inscrite dans le code de toutes les nations civilisées. Pour les morts, notre respect doit être encore plus profond. La mort n'est pas du domaine de l'homme; car, s'il peut limiter l'existence des êtres, il est impuissant contre la mort; il n'en peut retarder la marche fatale; la mort est la manifestation la plus terrible de la puissance divine. Les morts appartiennent à Dieu; les mutiler, c'est commettre la plus odieuse des profanations. Donc, respect à ceux qui ne sont plus!

— Il n'y a rien à reprendre à ce que vous dites, caporal, repartit Goliath; c'est la plus exacte vérité. Mais allez donc faire entendre cela aux Bédouins! Essayer de convertir ces mécréants, autant vaudrait tenter de convaincre le tambour que son gosier n'est pas sec.

— Qu'a de commun mon gosier avec les *Peaux-d'olive*, superbe Goliath? Parce que tu es fort comme un bœuf, te crois-tu le droit de m'insulter?

— Mille excuses, adorable tambour. Puisque ma comparaison n'est pas de votre goût, je la supprime. Mettons que je n'ai rien dit. Je vous avais choisi pour le besoin de la chose, comme j'en aurais choisi un autre. Je vous avais sous la main; je vous ai pris. Voilà.

— Je crois qu'il se moque encore plus fort, s'écria le tambour, rouge de colère. Ça ne se passera pas ainsi.

— Une dispute dans le corps de garde! Vous n'y pensez pas, s'empressa de dire Julien. Vous, tambour, vous prenez trop facilement la balle au bond; et vous, Goliath, vous avez la langue trop pétulante; donnez-vous la main, et que cela soit fini.

Goliath et le tambour, moitié maugréant, moitié souriant, obéirent, et la dispute n'eut pas de suite.

— Je n'aurai pas à vous reprocher un excès de patience, poursuivit le montagnard; vous avez l'esprit pointilleux, l'humeur belliqueuse, et vous me paraissez brouillés avec la charité chrétienne.

— La charité chrétienne? Connais pas, dit le tambour.

— On s'en aperçoit aisément, répondit le caporal. Ah! vous ne savez pas ce que c'est que la charité chrétienne? Je vais vous l'apprendre, pour peu que vous y teniez.

— Tout de même; ça tuera le temps.

La bise soufflait aigre et piquante au dehors; les soldats se rapprochèrent du poêle, et Julien commença en ces termes :

— La charité chrétienne est pour vous chose nouvelle? Votre mère vous a cependant enseigné cette vertu, alors qu'au sortir du berceau, vous commenciez à bégayer quelques mots intelligibles seulement pour celle qui vous avait donné le jour. La charité chrétienne ne vous est pas connue? Vous avez donc oublié les salutaires leçons du pieux ecclésiastique qui vous a fait faire votre première communion? L'existence des sociétés humaines se lie d'une manière si étroite à la pratique de cette vertu, que si la charité n'avait pas une origine divine, les hommes se seraient vus forcés de l'inventer; et les législateurs de tous les âges en ont si bien compris l'utilité, qu'ils en ont fait partout et toujours une prescription légale. La charité a reçu sa sanction dans les corps de lois de tous les peuples, même des peuples païens; l'hospitalité, jadis obligatoire pour les Juifs, les Grecs, les Romains et les Gaulois, et de nos jours pour les Arabes, en est une preuve évidente.

— Avec ça qu'elle est soignée l'hospitalité des Arabes, articula Michel. Demandez plutôt au voltigeur Denis. Il vous dira comment ces gredins traitent les Français qui s'aventurent dans leurs douars (1). Denis n'a dû de se tirer sain et sauf de leurs pattes qu'à l'agilité d'un cheval qu'il avait eu l'adresse de leur dérober.

— Dans quelle circonstance le voltigeur Denis arriva-t-il au douar?

— Il s'était égaré dans une forêt de lentisques; il errait çà

---

(1) Village arabe composé de tentes alignées en rues.

et là depuis plus de trois heures, sans pouvoir trouver d'issue, lorsqu'il fut aperçu par une bande de maraudeurs qui se jetèrent sur lui, le garrottèrent et le conduisirent au chef de la tribu.

— Ce fait ne prouve absolument rien contre l'hospitalité des Arabes. Denis a été fait prisonnier, mené de force au douar, où il n'était pas venu chercher asile. S'il était parvenu sous les tentes sans avoir été découvert, s'il avait demandé le *pain* et le *sel,* il fût devenu l'hôte de la tribu tout entière, et pas un cheveu de sa tête n'eût été touché.

— Je saisis la différence, caporal, reprit Michel. Si l'on demande, les Peaux-d'olive accordent; si l'on ne demande pas, ils ne sont tenus à rien.

— Oui et non, répondit Julien. Si l'Arabe a affaire à un *chien de chrétien,* il faudra que ce dernier réclame l'hospitalité, pour qu'elle lui soit octroyée; si c'est un sectateur de Mahomet, elle lui sera offerte. C'est cette distinction qui met un abîme entre la charité telle que l'a prêchée le Christ et celle des païens. Le christianisme fait tomber les barrières qui séparent les diverses nationalités; à ses yeux, les divisions de la grande famille humaine en races, en nations, en peuples, ne sont que des lignes de démarcation arbitraires, tracées sur le globe par l'orgueil des enfants d'Adam; en sorte que, au point de vue chrétien, il n'y a ni Asiatiques, ni Européens, ni Africains, ni Américains, ni insulaires de l'Océanie, mais seulement des hommes qui sont frères, qu'ils habitent sous telle latitude plutôt que sous telle autre, qu'ils parlent l'hindou ou le chinois, le persan ou le japonais, le français ou le russe, qu'ils obéissent à un roi ou à un khan, à un empereur ou au président d'une république, qu'ils se construisent des demeures avec art, s'abritent sous des huttes grossières, se creusent des antres profonds, ou se retirent dans des cavernes naturelles, isolées au milieu des rochers.

Devant l'Evangile, tous les hommes sont égaux ; tous sont appelés à participer au céleste héritage ; tous sur la terre ont place au soleil ; et nous avons à déplorer que la nécessité de se conserver force les sociétés particulières à s'armer les unes contre les autres.

Puisque nous avons le bonheur d'appartenir à la sainte Eglise catholique, il nous faut en adopter l'esprit ; conséquemment nous devons user de charité à l'égard de nos semblables. Partant de ce principe, nous ne considérerons plus les Peaux-d'olive, ainsi que vous les appelez, comme des ennemis qu'il est juste d'exterminer, mais comme des adversaires que nous regrettons de combattre. Plaignons-les, puisqu'ils sont dans une fausse voie ; plaignons-les encore, lorsqu'ils se rendent coupables envers les nôtres d'actes de cruauté ; ne les suivons pas sur ce terrain, ne leur rendons pas le mal pour le mal ; attachons-nous à leur faire le plus de bien possible ; car le Christ a banni de son Evangile cette loi barbare : « Dent pour dent, œil pour œil, sang pour sang. » Ce sera du reste le meilleur moyen de les ramener à nous. Quand ils verront que nous opposons à leur férocité la douceur, à leurs rancunes l'oubli des injures ; quand ils nous verront inaccessibles à la vengeance, quand ils seront persuadés que nous leur faisons la guerre non pas tant pour les assujettir à notre domination que pour les arracher à leur ignorance, à leurs préjugés, à leurs erreurs, à tout ce qui les rend malheureux, ils ouvriront enfin les yeux à la vérité, ils ne profaneront plus le signe de la rédemption, et, désertant l'étendard du prophète, ils tomberont au pied de la croix, ce dernier mot de l'amour du Dieu fait homme.

— Par ma foi, caporal, c'est nouveau pour moi ce que vous dites, s'écria Goliath. Je conçois néanmoins que ça doit se passer ainsi. Jusque-là, je le confesse à ma honte, je n'ai pas tout à fait traité charitablement les messieurs aux burnous ; je les ai même quelquefois rudoyés un peu vivement; mais aussi je ne les regardais pas comme des êtres de mon espèce; je n'étais pas fixé positivement sur notre degré de parenté; il y a plus encore, j'ai souvent douté qu'ils fussent des hommes, attendu que je trouvais beaucoup de rapport entre lesdits messieurs aux burnous et les lions de leurs montagnes, relativement à leur manière de procéder à l'égard de leurs ennemis respectifs. Désormais, j'abjure mon ignorance. A partir de ce jour, je considère les Bédouins comme des hommes créés à mon image, et je veux leur prouver par des procédés généreux que je suis chrétien. Ét vous? poursuivit Goliath, s'adressant à ses camarades.

— Nous aussi, répondirent tous les soldats.

— J'étais assuré à l'avance, reprit Julien, qu'en m'adressant à votre cœur, ma voix trouverait de l'écho parmi vous. D'ailleurs, vous rougiriez d'avoir à vous reprocher ce que vous reprochez vous-mêmes aux Arabes encore plongés dans la barbarie, c'est-à-dire une cruauté froide et réfléchie, un esprit vindicatif, une humeur haineuse pour tout ce qui n'est pas de votre religion. Vous convenez qu'il y a obligation pour nous à user de charité envers nos ennemis, à plus forte raison serez-vous d'accord sur ce point, que nous devons être charitables envers nos compatriotes.

— Oh! par exemple, répliqua le tambour, sauf le respect que je vous porte, caporal, vous vous gaussez joliment. Vous nous donneriez à entendre que nous manquons de charité pour ceux de notre pays. Là, franchement, est-ce admissible? Un Français ne pas aimer des Français, ça ne s'est jamais vu, je pense. Mais un soldat ne pas porter dans son cœur le camarade qui mange à la même gamelle, qui partage les mêmes joies et les mêmes douleurs, qui court les mêmes dangers, qui marche à la mitraille et.... à la mort sous le même drapeau! C'est tout simplement impossible. Pas vrai, vous autres?

— Adoptée à l'unanimité la motion! crièrent en chœur les soldats.

— Pour Dieu, ne prenez pas feu ainsi; que votre charité ne s'effarouche pas. Vous supposez-vous impeccables? Vous n'avez pas cette prétention, je vous sais trop raisonnables.

— Cependant, caporal..., articula Michel.

— Je vous répète que vous êtes loin d'être parfaits en matière de charité. Vous avez beau balancer la tête d'un air de doute, Goliath, je n'en persiste pas moins dans mon appréciation. Eh! tenez, tout à l'heure, en jetant au milieu de la conversation le gosier desséché du tambour, péchiez-vous par excès de charité chrétienne?

— Dame!... c'était histoire de plaisanter.

— Mais encore, ne vous faisiez-vous pas un malin plaisir de tourmenter votre camarade? Espériez-vous lui être agréable en vous attaquant à son péché mignon?

— Pour ça..... non. Il faut bien en convenir.

— Et vous, tambour, lorsque vous vous êtes écrié, transporté de colère: « Ça ne se passera pas ainsi! » pardonniez-vous à l'innocente raillerie qu'il s'était permise contre votre personne?

— Ah! non.

— Vous le voyez donc, mes amis, vous n'êtes pas tout à fait de petits saints; et encore je signale seulement des peccadilles. Mais permettez-moi de soulever un coin du bandeau qui vous dérobe la lumière. Quand un conscrit arrive au régiment, le premier soin des anciens est de le former. Et comment le forme-t-on? Je vous vois sourire. En le tourmentant de mille manières. D'abord, règle générale, on s'évertue à lui faire prendre le contre-pied des règlements, et on l'expose ainsi à un déluge de punitions. C'est pour en faire un bon soldat, direz-vous; car c'est la salle de police qui donne au troupier le baptême militaire. Etrange moyen de façonner le conscrit! C'est peut-être de la charité chrétienne! Autre gentillesse. Le conscrit a reçu son équipement; le pauvre diable ne s'entend guère à faire sa toilette. Alors on l'affuble de l'uniforme le plus grotesquement possible, on le promène comme le bœuf gras dans la caserne; les quolibets pleuvent sur lui, et les anciens sont satisfaits; ils ont pratiqué la charité chrétienne! Continuons. Le conscrit a employé deux heures à se faire propre pour la parade; son fourniment est minutieusement nettoyé, tout est en ordre; il attend la parade sans nulle inquiétude. Mais il a compté sans les loustics. Le tambour bat, le novice court s'apprêter. Amère déception! le fourniment est maculé, tout est en désordre. Et les anciens de rire de la mine piteuse du naïf qui, le soir, va expier sur le lit de camp cette nouvelle espièglerie! Touchante pratique de la charité chrétienne!... Le conscrit est arrivé avec les meilleures dispositions; le service est son unique souci; il sait que l'exactitude est la première vertu militaire. Les anciens vont alors l'encourager à persévérer dans ces excellentes résolutions? Pas du tout. Ils ne manqueront pas de lui dire qu'il n'y a que les *simples* qui s'abaissent jusqu'à faire abnégation complète de leur individualité, que l'obéissance passive est le fait des gens faibles, que les hommes forts, eux, se raidissent contre des exigences souverainement injustes! et le conscrit de mordre à l'hameçon, et les punitions d'aller leur train. C'est toujours de la charité chrétienne au premier chef. Que le novice, puni pour une infraction à la discipline, vienne exposer ses tribulations aux vétérans, vous vous imaginez peut-être qu'ils l'exhorteront à subir avec résignation sa peine; qu'ils lui feront comprendre qu'il s'est attiré ce léger désagrément par sa faute; qu'il n'y a pas de discipline possible sans répression; que c'est le droit et le devoir des chefs de chercher par tous les moyens possibles à assurer le service? Vous n'y êtes pas. **Les vétérans** verront les choses sous un autre aspect; ils insinueront au novice que le soldat est fatalement destiné à supporter la mauvaise humeur des caporaux, des sous-officiers et des officiers, que les punitions sont presque toujours le résultat d'une contrariété. Grâce à ces insinuations, le conscrit s'habituera à se considérer comme une victime de l'arbitraire; il doutera de l'esprit de justice de ses supérieurs, et sa carrière militaire sera compromise. Je vous le demande, est-ce là de la charité chrétienne? Un de vos camarades s'est distingué par sa bonne conduite, son excellente tenue, sa capacité; il reçoit de l'avancement. Loin de vous réjouir de la récompense qu'il a obtenue, vous en éprouvez du déplaisir, du dépit; ce que vous appelez sa *chance* vous afflige; et s'il dépendait de vous de le priver d'un avantage mérité, vous n'hésiteriez pas à le faire. Direz-vous que c'est de la charité chrétienne? Vous semblez vous défendre de ce sentiment d'envie. Assurément vous n'êtes pas tous envieux; mais combien en est-il dans le régiment qui sont malheureux du bonheur de leurs compagnons d'armes! Je parlerais toute la nuit, si j'énumérais toutes les circonstances dans lesquelles la charité chrétienne n'est pas par vous observée. Ce serait mettre votre patience à une trop rude épreuve; je serai assez charitable pour vous épargner cet ennui. Permettez-moi seulement, en terminant cet entretien déjà trop long à votre gré, de signaler une funeste coutume où la charité chrétienne est foulée aux pieds avec un semblant de justice. Je veux parler du duel.

— Vous allez alors assaisonner Goliath un peu crânement, dit le tambour; le géant est un ferrailleur premier numéro. Il a envoyé dans l'autre monde une demi-douzaine de grenadiers qui avaient eu le malheur de lui déplaire. Aussi on l'appelle pour cette raison *Nul-s'y-frotte*. C'est tout dire.

— Et la charité?... reprit Julien.

— Ma langue a pris le galop, répondit le tambour. A partir du quantième ci-inclus, bouche close.

— A la bonne heure, repartit le montagnard. Je reviens au duel. En m'attaquant au duel, je sais à quoi je m'expose. Je vais soulever contre moi l'indignation de toute l'armée. Je heurte de front le préjugé le plus vivace, un préjugé enraciné dans l'esprit de tout ce qui porte l'uniforme. On m'accusera sans doute de lâcheté. Je me contenterai de renvoyer leur accusation à mes nombreux adversaires. Je ne suis pas lâche, on ne l'ignore pas; mais je n'ai pas le triste courage, je le confesse, de tuer de sang-froid un frère d'armes pour un misérable point d'honneur. Le point d'honneur! quelle dérision! On me marche sur le pied; mon honneur est outragé! l'injure reçue ne peut être lavée que dans le sang! C'est, en vérité, avoir le *pied bien susceptible*. On me regarde de travers. Mort à l'insolent! il n'est plus digne de vivre. Tuons-le; son trépas rendra *droit-voyants* (plaise à l'Académie accepter ce néologisme) bien des gens louches. Je cite un fait; on me dément. Vite, des épées, des pistolets. Un démenti ne peut être payé trop cher de la vie. Du sang, du sang. Lavons à grands flots l'honneur entaché. Quel amour féroce du vrai! Mon sac à tabac est vide; plus heureux que moi, un camarade possède quelque peu de cet ingrédient indispensable, à ce qu'il paraît, au soldat; je ne puis lancer à l'air des spirales bleuâtres, si le camarade en question ne consent à me céder une portion de cette plante précieuse, source de jouissances ineffables pour les oisifs. Le possesseur du trésor répond net par un refus à ma supplique. Le barbare! Après un crime aussi horrible, il mérite d'être rayé de la liste des vivants. Dégaînons!... Oh! funeste passion du tabac, combien fais-tu de victimes! Si Nicot (1) eût pu prévoir combien de sang ferait couler le vé-

---

(1) Le tabac, découvert en 1560 à l'île de Tabago (une des Antilles), fut introduit en France par Jean Nicot, secrétaire de Henri II, et ambassadeur de François II en Portugal.

gétal découvert à Tabago, il aurait laissé la plante fatale enfouie au fond de l'Amérique. Deux soldats, unis par la plus étroite amitié, fêtent à la cantine de bonnes nouvelles reçues du pays ; ils boivent à la santé de leurs parents, ils boivent à la prospérité de leurs compatriotes, ils boivent si souvent, nos deux amis, que leurs têtes s'échauffent. A propos d'une vétille, une discussion s'engage ; de gros mots sont échangés, une main un peu leste s'appesantit peut-être sur un visage empourpré moins par la colère que par le vin. Deux témoins tout de suite, et flamberge au vent. Une insulte, un soufflet, surtout un soufflet ! Trente existences d'hommes ne suffiraient pas pour racheter pareilles souillures ! Un soufflet laisse sur la joue une trace indélébile que ne peut effacer le sang le plus pur ! Les *niais*, il est vrai, objecteront que le Sauveur a été souffleté par une multitude insensée, et qu'il a subi cet affront sans songer à en tirer vengeance. Mais les *niais* ne doivent pas être pris pour modèles ! Et puis les hommes imiter la conduite du Fils de Dieu ! Plaisante lâcheté ! Arrière donc les *niais*, et continuons à nous entr'égorger en gens d'honneur !

Le duel ! mais c'est la manifestation de l'orgueil le plus intraitable ! Le duel ! c'est la plus cruelle injure faite à la raison, au bon sens d'un peuple civilisé ! Le duel ! c'est le sanglant héritage des siècles de barbarie ! Le duel ! c'est la plus grave atteinte que l'on puisse porter à la toute-puissance divine ; car c'est dire à Dieu : « En créant cet homme, que je vais égorger tout à l'heure, tu avais compté le nombre de ses jours. Moi, ta créature, je m'érige en Dieu, je limite cette existence selon mon bon plaisir, je mets fin à cette vie avant le terme que tu avais fixé ! » Le duel, enfin, c'est la dernière ressource des lâches !

— Ne vous en déplaise, caporal, dit Goliath avec quelque aigreur, l'homme qui affronte la mort n'est pas un poltron.

Vous me permettrez de né pas être de votre avis sur ce point.

— Je maintiens ce que j'ai avancé, reprit Julien d'une voix grave. Le duel est la dernière ressource des lâches. Je ne suis pas surpris toutefois que mon opinion choque votre sentiment. Sous le frac bourgeois, sous l'uniforme s'abrite le paradoxe; et pour le paisible citadin comme pour le soldat, celui qui *descend sur le terrain* est un *brave;* celui qui refuse un cartel est un *couard!* Examinons froidement, sans partialité, comme les choses se passent, et nous verrons, Goliath, si je suis dans le vrai. Il est bien entendu avant tout que je ne fais pas de personnalité et que je vous mets hors de cause. Mais je veux prendre le duelliste corps à corps, le suivre pas à pas; je veux le dépouiller de son prestige, le faire descendre du piédestal que lui ont érigé l'orgueil et la sottise; je veux souffler sur ce fantôme, le faire évanouir comme la vapeur légère que dissipe le vent. Le duelliste! je veux le stigmatiser, écrire sur son front : Lâche! assassin! Ah! messieurs les spadassins, vous vous drapez dans votre stoïcisme de mauvais aloi; vous commettez un crime, et vous trouvez des gens assez aveugles non-seulement pour vous absoudre, mais encore pour vous prodiguer l'encens! C'est parbleu commode! La société rejette de son sein, et c'est son droit, ceux que souvent la misère, des instincts pervers, une éducation déplorable, de mauvais exemples puisés au foyer domestique, ont poussés au vol, et cette société inconséquente déclare innocents ceux qui tuent pour venger une insulte! Bien plus, elle leur octroie un certificat de bravoure! O comble de la démence! De deux choses l'une; on se décide à égorger de sang-froid ou à être égorgé dans un combat singulier, parce qu'on a reçu ou adressé une insulte. Or, dans le premier cas, fait-on preuve d'un véritable courage en s'armant d'un fer homicide? Si l'on entend par courage jouer sa vie sur un coup de dé, la réponse sera affirmative. Mais aux yeux des gens sensés (il y en a encore), cette sorte de courage n'est que de la folie. Il y a plus, il y a lâcheté. Oui, lâcheté! Car on n'a pas la force d'âme nécessaire pour se mettre au-dessus du respect humain, pour subir une humiliation momentanée, pour endurer une parole railleuse, un geste provocateur ou méprisant. Pensez-vous que le courage puisse se trouver là où ne se rencontre pas la force d'âme? Et dans le second cas, c'est-à-dire lorsqu'on a jeté l'injure à la face de son adversaire, est-on bien fondé à venir lui dire : « Mon très-cher, je vous ai insulté sans motif plausible, mais, en vous insultant, j'ai eu raison; pour vous le prouver, je vais vous couper la gorge le plus galamment du monde ; et ce faisant, j'accomplirai un acte de courage, de bravoure, de valeur. » Du courage, monsieur l'égorgeur! Allons donc, vous n'y êtes pas. De la lâcheté! à la bonne heure. Car vous savez très-bien que vous avez tort, vous vous l'avouez à vous-même; mais vous n'avez pas assez de véritable courage pour le confesser; vous êtes trop lâche pour déclarer ouvertement que le bon droit n'est pas de votre côté.

Vous commencez par prodiguer sans vergogne l'outrage à un être inoffensif au moral et au physique, vous avez toujours le soin de choisir vos victimes dans cette catégorie de gens paisibles (nouvelle preuve de bravoure!). Vous vous êtes assuré à l'avance que l'insulté est nul en fait d'escrime, pendant que vous, valeureux champion, vous maniez l'épée avec plus d'habileté que Paganini son archet, et que vous enlevez d'une balle une mouche sur le nez d'un promeneur. Et lorsque l'être inoffensif vous fait observer avec douceur et avec justice que vous avez eu tort de lui prodiguer l'injure, vous lui lancez un regard furieux, et, vous posant la main sur la hanche, et vous dandinant d'un air superbe, vous lui dites : « Pas content, monsieur, j'en suis bien fâché; marchons alors. Quelles sont vos armes? L'épée, le fleuret, le pistolet? — Mais, monsieur, reprendra l'insulté, je ne vois pas le moins du monde la nécessité de nous pourfendre parce qu'il vous a plu de m'outrager ; je vous fais seulement observer.... » A quoi, vous, spadassin, vous répliquerez avec un froncement de sourcil terrifiant : « Pas d'observation, monsieur, je n'ai pas l'habitude d'en souffrir ; vous êtes satisfait ou vous ne l'êtes pas ; si vous ne l'êtes pas, marchons. » Ainsi donc, spadassin émérite, voilà un homme, que vous connaissez à peine, que vous ne connaissez peut-être pas du tout, dans l'alternative également désagréable de se faire assassiner ou d'être par vous et par vos prôneurs tourné en ridicule ! Et après cette merveilleuse action, vous vous draperez fièrement dans votre manteau de duelliste. Mais prenez-y garde, il est mûr votre manteau, très-mûr même ; à travers les trous nombreux de ce manteau on lit lâcheté, félonie, impiété, athéisme ! Lâcheté ! Je viens de vous le démontrer surabondamment. Félonie ! Car, matamore bravache, pilier des salles d'armes, maître consommé dans ces tours heureux qui vous clouent un homme en place, vous vous attaquez toujours et toujours à des adversaires novices. Impiété ! Car vous méprisez la loi de Dieu, qui vous défend de disposer selon votre bon plaisir de la vie de votre semblable. Athéisme ! Car vous ne croyez pas en Dieu, vous qui, méconnaissant cet enseignement du Christ : « Pardonnez, si vous voulez qu'on vous pardonne, » retranchez violemment un de vos frères du nombre des vivants pour une injure reçue, quand ce n'est pas pour une injure jetée à la face de votre victime !

— Tout de bon, caporal, reprit Goliath, il y a joliment du bon et du vrai dans tout ce que vous venez de nous dire. Ça ne m'était jamais venu à l'idée. Dorénavant je réglerai ma conduite là-dessus.

Tous les assistants accordèrent leur approbation à l'éloquent montagnard.

— En voilà assez pour aujourd'hui, mes amis. Une autre fois, si vous croyez en retirer quelque utilité, nous reprendrons cet entretien intime. Mais il se fait tard; allons nous étendre sur les planches.

Le conseil du caporal fut incontinent suivi, et bientôt tout dormit profondément dans le corps de garde.

VIII.

UNE EXPÉDITION CHEZ LES HACHEMS ET DANS LES TRIBUS DE L'OUARANSENIS.

Enfin le moment était venu pour le montagnard de recevoir le baptême de feu ; son régiment était appelé à concourir à la réduction des Hachems et des tribus de l'Ouaransenis qui avaient donné refuge à l'infatigable Abd-el-Kader.

Vainement nos héroïques soldats avaient-ils détruit, l'année précédente, les places d'armes de l'émir (1), Tagdempt, Boghar, Thaza, Saïda ; vainement avaient-ils défait en plusieurs rencontres ses khalifes les plus puissants ; vainement le drapeau français avait-il flotté sur Msilah, Zamorah et Mascara ; notre

---

(1) Le mot *émir* signifie successeur de Mahomet ; c'est le titre donné par les Arabes à leur héros Abd-el-Kader.

irréconciliable ennemi n'en avait pas moins poursuivi la guerre sainte avec une persévérance, un acharnement qu'explique seul le fanatisme musulman.

Quelques mots sur Abd-el-Kader trouveront ici naturellement leur place.

A l'époque où commence cette histoire véridique, Abd-el-Kader était un objet de vénération pour les tribus nomades et les tribus sédentaires de l'Algérie ; il avait fait le pèlerinage de la Mecque ; il avait renoncé aux plaisirs de la jeunesse pour se consacrer entièrement aux saintes choses et en même temps au salut de ses frères. Le héros arabe menait de front les intérêts du ciel et ceux de la terre. Aussi, des confins du Maroc aux frontières de Tunis, des limites du grand désert à la Méditerranée, passait-il pour un personnage surnaturel, pour un autre Mahomet. D'habiles lieutenants, dont la fortune était liée à celle de l'émir, entretenaient avec soin cette croyance superstitieuse au sein des tribus. Par ce moyen, la haine du nom chrétien aidant, Abd-el-Kader, malgré des revers successifs, se trouvait toujours à la tête de nombreux fantassins, *réguliers* et *irréguliers*, et de non moins nombreux cavaliers.

L'émir, homme d'une grande intelligence, d'une dissimulation profonde et d'une astuce peu ordinaire, qu'il voilait sous les dehors d'une grande sainteté, ne laissait entrevoir à ses familiers que ce qu'il voulait bien de ses projets.

Aux yeux des tribus, aux yeux de ses khalifes, Abd-el-Kader guerroyait pour chasser de l'Afrique les Français, qui voulaient remplacer par la croix l'étendard du prophète. Mais ce n'était que le motif apparent de la guerre que nous faisait l'émir sans trêve et sans merci. Son but réel, véritable, était de détruire la domination française en Algérie, pour créer à son profit un Etat indépendant, à l'instar de ceux du Maroc, de Tunis, de Tripoli. Oui, Abd-el-Kader voulait se créer une souveraineté indépendante de Constantinople. Le saint marabout n'était qu'un ambitieux; il avait les yeux dirigés vers le Caire ; l'exemple donné par Méhémet-Ali (1) était contagieux.

Pour arriver à ce résultat, le héros arabe comptait sur sa réputation de sainteté, sur le prestige de ses armes (il avait été presque toujours battu, mais il avait le talent de faire croire à ses partisans qu'il était toujours vainqueur) , sur le signalé service qu'il *aurait rendu* à ses coréligionnaires en les arrachant à l'influence des chrétiens, et sur les convoitises d'une tourbe de cheiks (2) qu'il gorgerait de l'or des vaincus, et qu'il ferait les premiers officiers de la royauté nouvelle.

Assurément ce plan était combiné de main de maître, les ressorts en étaient habilement ménagés ; les passions, ces puissants leviers des obstacles, étaient mises en jeu avec infiniment d'art. L'émir devait avoir un plein succès. Malheureusement pour lui, il avait compté sans l'armée française.

Notre appréciation du champion de l'islamisme dans la Barbarie ne sera pas du goût des amateurs du merveilleux. Nous nous en consolons à l'avance. Mais nous faisons de l'histoire, et non du roman. Est-ce notre faute à nous, si Abd-el-Kader, qui n'était pas, nous le reconnaissons, un ambitieux vulgaire, était néanmoins un ambitieux ? Il ne tient pas à nous que l'émir, animé d'un désintéressement magnanime, se soit armé uniquement pour défendre le sol sacré de la patrie contre les *chiens*, contre les *barbares* (c'est ainsi que messieurs les Bédouins nous faisaient et nous font encore l'honneur de nous appeler); il ne faut pas s'en prendre à nous si Abd-el-Kader a brûlé tant de cartouches et coupé tant de têtes françaises dans un tout autre but que celui de sauvegarder ses mœurs,

---

(1) Méhémet-Ali, gouverneur de l'Égypte pour la Porte, parvint à se rendre indépendant dans cette province, après plusieurs guerres heureuses.

(2) Chefs de tribus arabes.

ses coutumes, ses usages, sa religion, son culte, son prophète. Nous serions heureux qu'il en eût été ainsi, ne fût-ce que pour la rareté du fait (le désintéressement est un bijou passé presque à l'état de mythe). Mais nous nous devons avant tout à la vérité ; nous sommes impartial, et, au risque de contrarier ceux qui n'examinent l'humanité qu'au travers d'une lunette fantastique, nous continuerons à penser et à dire qu'Abd-el-Kader n'était rien moins qu'un paladin, qu'un Guillaume Tell taillé sur un nouveau modèle ; nous continuerons à penser et à dire que si l'émir songeait à faire les affaires des Arabes, et ce serait possible, il songeait aussi et surtout à faire les siennes.

Revenons à notre récit.

Abd-el-Kader, malgré d'incessants revers, avait quitté sa retraite ; à la tête de bataillons formés à la hâte, et secondé secrètement par l'empereur du Maroc, il s'était jeté sur les provinces soumises, signalant sa présence par le pillage, le meurtre et l'incendie. L'émir avait cruellement puni les tribus alliées de leur fidélité à la France, par la dévastation de leurs douars, l'enlèvement de leurs troupeaux et le massacre de leurs guerriers. Nos colonnes avaient eu promptement raison de l'ambitieux marabout, qui avait été repoussé avec sa smalah et contraint de regagner ses cantonnements.

Le danger était passé. Mais un exemple était nécessaire ; il fallait donner une bonne leçon aux adhérents de notre ennemi acharné, afin d'assurer notre conquête ; il fallait rassurer les faibles, effrayer les douteux, et terrifier par un coup vigoureusement frappé les fanatiques adversaires de la civilisation.

Au premier rang des amis occultes d'Abd-el-Kader se trouvaient les Hachems et les belliqueuses tribus de l'Ouaransenis. L'émir vaincu avait toujours trouvé un refuge chez ces peuplades turbulentes ; ce qui ne les empêchait pas de protester de leur dévouement à la France. Le gouverneur de l'Algérie ne s'était pas reposé sur la foi de ces protestations trompeuses, et une expédition avait été décidée.

Le régiment de Julien avait donc dû quitter Oran.

La veille du départ, le colonel N*** avait mandé auprès de lui le montagnard et lui avait adressé cette courte exhortation :

— Vous entrez, mon cher Julien, dans la carrière militaire active. Vous aurez à remplir d'autres devoirs. Faites en sorte de ne pas rester au-dessous de la tâche pénible que vous aurez à accomplir; ne trompez pas mon attente, sachez que j'attends beaucoup de vous. N'oubliez pas non plus que le général fonde sur vous de grandes espérances. Bravoure obligo. Que le soldat ne trahisse pas le conscrit du *Vulcain*.

— Je mettrai tous mes soins, mon colonel, à répondre à votre attente. Votre amitié m'est d'un prix inestimable, et je suis jaloux de m'en rendre de plus en plus digne. En entrant au service, j'ai fait à ma patrie le sacrifice de ma vie, et je suis prêt à verser jusqu'à la dernière goutte de mon sang pour le triomphe de notre cause. Puisque vous me témoignez de l'intérêt, mon colonel, accordez-moi la faveur de me réserver une place au poste d'honneur, à l'avant-garde. Je brûle de faire connaissance avec les Peaux-d'olive, et d'échanger mes galons de laine contre des galons d'argent.

— Nous avons de l'ambition? C'est pour le mieux. Allez, Dieu vous protége et vous ait en sa sainte garde ! A demain.

La nuit qui suivit cette entrevue, notre héros ne dormit pas; il était impatient de voir arriver le jour, il brûlait de se mesurer avec les Arabes; il se voyait aux prises avec deux Bédouins à la taille herculéenne, et sortait vainqueur de la lutte.

Le jour parut enfin. Le montagnard fut prêt bien longtemps avant l'heure indiquée pour le départ; il ne respira à l'aise que lorsque la colonne expéditionnaire, après avoir franchi la porte d'Oran, se fut engagée dans la campagne. Une vie nouvelle commençait pour le caporal. Ce n'était plus cette vie monotone de la garnison, sans incidents, sans imprévu, avec ses allures tracées au compas ; mais c'était une existence errante, vagabonde, en plein air. C'était le péril avec ses appréhensions pleines de charmes ; c'étaient ces fausses alertes qui tiennent constamment le soldat en éveil, et excitent sa bruyante gaîté, quand il s'aperçoit que l'alarme a été jetée par quelque pauvre diable dont la peur seule a créé le danger ; c'étaient des pins rabougris pris à la lueur douteuse du crépuscule pour une nuée d'ennemis ; c'étaient les Bédouins se montrant prudemment sur les hauteurs, et disparaissant à l'approche de notre colonne. D'autres fois d'aventureux enfants de Paris s'éloignaient du camp et tombaient au milieu des maraudeurs arabes, gens à sac et à corde, heureux de rapporter au douar quelques têtes des chiens de Français, glorieux trophées destinés à orner les tentes. Pour échapper à ces mécréants, nos Parisiens jouaient rarement des talons, presque toujours de la baïonnette ; heureux quand ils en étaient quittes pour quelque bonne estocade ! D'autres fois encore des éclaireurs faisaient rencontre du seigneur du désert, d'un vieux lion à tous crins. Cette rencontre inopinée du noble animal variait le plaisir. Mais rarement nos soldats se tiraient des griffes de messire lion avec autant de bonheur que des mains des maraudeurs. Le roi du désert, de ses ongles terribles, labourait une ou deux poitrines, ou broyait une ou deux têtes de sa puissante mâchoire.

Ces émotions à haute dose ont bien plus d'attraits pour le soldat que les travaux monotones de la garnison. Aussi Julien se faisait-il une véritable fête de sa première expédition. Le régiment de notre héros, grossi de deux autres régiments d'infanterie et de quelques escadrons de cavalerie, campa le soir à douze lieues d'Oran.

La colonne expéditionnaire ne devait prendre que quelques heures de repos et continuer sa marche bien avant le lever du soleil. Les tentes ne furent pas dressées. Les faisceaux furent seulement formés, et les chevaux attachés à des piquets et débarrassés de leurs selles. Les soldats se mirent alors à préparer leur repas du soir. Des pierres furent disposées en guise de chenêts; des broussailles, des branches furent allumées, et les marmites furent placées sur le feu. La cuisine fut bientôt terminée; le bœuf salé et quelques légumes en faisaient tous les frais. C'était un curieux spectacle de voir ces guerriers, aux uniformes divers, occupés à leurs apprêts culinaires, les uns cassant le biscuit, les autres distribuant la soupe, ceux-ci découpant de gigantesques pièces de bœuf, ceux-là puisant dans d'énormes bidons en fer-blanc le vin qui devait réparer leurs forces.

Quelques Chevets (1) improvisés remplaçaient le prosaïque bouilli par un rôt savoureux, grâce à deux pieux fichés en terre et à une broche en bois dont les deux extrémités reposaient sur chaque pieu. Ceux-là étaient les raffinés de la compagnie. Il fallait voir comme leurs camarades moins bien avisés leur faisaient la cour pour avoir part au rôt appétissant dont le fumet caressait délicieusement l'odorat.

Julien comptait parmi les Chevets avec Goliath et le tambour. Le montagnard avait, en cette circonstance, mis à profit les connaissances de cordon-bleu qu'il avait acquises dans les Pyrénées, alors qu'avec de joyeux chasseurs il faisait cuire au pied d'un pin un quartier de chamois tué à quatre lieues de la chaumière, après une course de six heures.

Le troupier a l'appétit féroce, lorsqu'il a fait une longue traite. Soupe, légumes, bouilli, rôt, tout eut bientôt disparu. Le repas fini, les soldats se livrèrent au sommeil. Le sol leur tint lieu de lit, leurs capotes de couvertures, et leurs sacs

---

(1) Chevet, restaurateur fameux de Paris.

d'oreillers. Le plus profond silence régna bientôt dans le camp. Le silence de la nuit n'était interrompu, à des intervalles égaux, que par ces mots d'avertissement : « Sentinelles, prenez garde à vous ! »

Il était environ deux heures après minuit, lorsque le signal du réveil fut donné. En moins de deux minutes tous les hommes furent sur pied et armés. On fit l'appel, et la colonne se remit en marche. Elle avait ordre d'atteindre avant le point du jour un bois épais à portée de fusil du douar des Hachems. Ce bois devait favoriser l'expédition et en assurer le succès ; car nos soldats, embusqués dans ces fourrés impénétrables, tomberaient sur les Hachems avant que ces derniers pussent soupçonner la présence des Français.

On s'avançait sans bruit, sans échanger une parole. Un Breton superstitieux eût dit une longue file de fantômes venant à la suite les uns des autres et glissant sur la terre qu'ils ne faisaient qu'effleurer.

Les prescriptions du général furent exécutées de point en point ; et le soleil n'avait pas encore doré l'orient de ses feux, que l'arrière-garde disparaissait dans le bois avoisinant les tentes des Hachems.

Les dispositions furent promptement prises pour l'attaque. La cavalerie contourna le bois de manière à attaquer l'ennemi sur ses derrières, pendant que l'infanterie l'aborderait de front. Le régiment de Julien prit position à la tête d'attaque, et sa compagnie se trouva la première en ligne. Notre héros était servi à souhait.

Au moment où les assaillants sortirent de leur abri, se dirigeant vers le douar, le jour commençait à poindre. Ils marchaient avec précaution, évitant les branches sèches dont le craquement eût pu les trahir. Ils ne devaient tirer qu'à bout portant, de manière qu'il n'y eût pas une seule cartouche perdue.

Déjà les tentes du douar se dessinaient nettement. Encore quelques pas, et les Hachems, surpris dans le sommeil, allaient être faits prisonniers sans coup férir. La razzia eût été opérée de la façon la plus complète, et pas une goutte de sang n'eût été versée. Mais si la tribu dormait, les chiens veillaient.

Ces animaux, au flair d'une grande subtilité, percevant des émanations étrangères, devinèrent instinctivement des ennemis dans les nouveaux venus, et éclatèrent en aboiements furieux. Réveillés par ce formidable concert, les Hachems en cherchèrent la cause. Grande fut leur surprise, grande fut leur frayeur, lorsqu'ils aperçurent les uniformes français. Il n'y avait pas à reculer; ils étaient cernés de toutes parts.

Revenus de leur surprise et résolus à vendre chèrement leur vie, les alliés d'Abd-el-Kader s'élancèrent en désordre dans leurs tentes, s'armèrent en tumulte, et s'avancèrent fièrement à la rencontre des assaillants.

Mais la partie n'était pas égale : d'un côté, des troupes aguerries, disciplinées, marchant en bon ordre, et préparées à l'avance à un coup de main; de l'autre, une bande aventureuse, se ruant aveuglément sur ses adversaires, n'obéissant à aucun chef, et n'ayant pour elle que son courage, mais un courage irréfléchi.

Lorsque Arabes et Français s'abordèrent, ce ne fut pas un combat; ce fut une affreuse mêlée. On se prenait corps à corps, on s'étreignait avec fureur. C'était un duel immense, dans lequel la force physique donnait la supériorité. Cette mêlée ne dura pas cinq minutes. La cavalerie, ayant contourné le bois, tomba sur les derrières des Hachems, ainsi qu'il en avait été convenu, et mit fin à la lutte. Les Arabes, croyant avoir affaire à l'armée d'occupation entière, se mirent à fuir dans toutes les directions.

La victoire faillit coûter cher à la colonne expéditionnaire. Le brave colonel N***, emporté par son courage, s'était mis à la poursuite des fuyards, laissant loin derrière lui ses hommes ; il était heureusement suivi d'assez près par Julien, Goliath et le tambour avec lesquels nous avons lié connaissance au corps de garde d'Oran.

S'apercevant que le colonel était séparé de ses soldats, quelques fuyards firent subitement volte-face, s'élancèrent sur lui, et abattirent son cheval de plusieurs coups de feu. Le vaillant officier, ainsi désarçonné, allait infailliblement périr ; il n'avait que son épée pour repousser l'attaque de six robustes Hachems acharnés à sa perte.

Tout à coup Julien fond avec la rapidité de l'éclair sur les Bédouins, d'une balle en abat un à ses pieds, en met un second hors de combat d'un coup de baïonnette, et brise la tête à un troisième d'un coup de crosse.

Aux prises avec un quatrième adversaire, le montagnard aperçoit un pistolet abaissé sur son colonel. Notre héros, sans hésiter, se jette au-devant de M. N***, lui fait un rempart de son corps et est atteint en pleine poitrine. Ce fut le dernier incident de ce drame, dont les différentes péripéties s'étaient succédé en moins de temps que nous n'en avons mis à les raconter.

Goliath et le tambour rejoignirent au même moment le colonel et le caporal, et les Hachems détalèrent de plus belle, abandonnant deux morts et un blessé.

Cependant Julien gisait privé de sentiment et perdant beaucoup de sang. Le colonel, qui n'avait reçu qu'une blessure légère, donna lui-même les premiers soins à celui qui était pour la seconde fois son sauveur. Le courageux caporal n'avait pas été profondément atteint. Il était redevable de son salut à une petite médaille de la Vierge placée sur sa poitrine. La balle s'était aplatie sur cette médaille et n'avait fait que déchirer les chairs ; ce qui avait occasionné une perte de sang assez abondante. La violence de la commotion avait seule privé notre héros de l'usage de ses facultés. Dès qu'il eut repris connaissance, Julien s'empressa de tranquilliser M. N***, Goliath et le tambour.

— Tenez-vous l'esprit en repos ; ce n'est qu'une égratignure ; ces maladroits ne savent pas tirer, et leur poudre est mauvaise. Remercions le ciel qui a bien voulu se servir de moi pour conserver à notre régiment notre brave colonel.

Le régiment rejoignit presque aussitôt nos quatre personnages. Le colonel, qui était aimé comme un père, reçut les félicitations chaleureuses des officiers et des soldats pour sa délivrance miraculeuse, et le remplaçant de Joseph fut heureux des témoignages d'estime et de sympathie de ses supérieurs et de ses camarades.

La colonne expéditionnaire entra alors dans le douar. Les tentes étaient vides. Femmes, enfants, vieillards, guerriers avaient disparu. Les Hachems, dans la précipitation de leur fuite, avaient dû abandonner leurs trésors et leurs troupeaux à l'ennemi. On procéda sans désemparer à la razzia. Les troupeaux furent dirigés sur Oran, sous bonne escorte, avec des chariots renfermant des provisions de toutes sortes, de l'argent, des armes, des vêtements et différents autres objets.

Le douar fut ensuite livré aux flammes. Pas une tente ne resta debout ; les récoltes sur pied furent dévastées, le bois incendié ; et cette œuvre de destruction accomplie, la colonne fit route vers l'Ouaransenis.

A mesure que la petite armée approchait de la montagne, le pays devenait plus accidenté. La prudence exigeait qu'on usât de précautions. Le général, qui était initié à la manière de procéder des Arabes, avait recommandé la plus grande circonspection. En effet, messieurs les Bédouins, dont on ne peut contester d'ailleurs la bravoure, sont peu scrupuleux dans le choix des moyens de triompher des *envahisseurs* ; ils se complaisent surtout à dresser des embuscades et s'applaudissent avec cette jactance orientale d'une ruse couronnée de succès. Disons plus ; ils sont plus fiers, plus orgueilleux de nous faire tomber dans un piége patiemment tendu, que de nous vaincre, ce qui leur est arrivé bien rarement, en rase campagne. Instinct de chasseurs, voilà tout. On connaît la passion des Arabes pour la chasse, mais pour la chasse où il faut déployer les mille ressources, les mille artifices d'un esprit fécond en inventions. Ils chassent le lion quelquefois, mais à leur façon ; ils le traitent comme les Français, ils le prennent au trébuchet et le tuent lorsqu'ils l'ont mis hors d'état de se défendre, après l'avoir accablé d'injures. Presque jamais l'Arabe n'attaque le lion franchement, ouvertement; il ne le fait que lorsqu'il y est contraint par la nécessité. Il était réservé à un de nos compatriotes, au lieutenant des spahis Jules Gérard, d'aller chercher le roi du désert jusque dans son repaire. Aussi peut-on affirmer, sans flatterie aucune, que le tueur de lions (qualification donnée à Jules Gérard par les Arabes eux-mêmes) a plus fait dans l'intérêt moral de la conquête que toutes nos troupes réunies. Les Arabes sont obligés de reconnaître la supériorité d'un Français sur eux, et cet aveu n'est pas petite chose.

Donc les vainqueurs des Hachems avançaient à petites journées vers l'Ouaransenis, se faisant précéder d'une compagnie de tirailleurs pour éclairer la marche. Et cette sage mesure n'était pas inutile; car de tous les endroits boisés étaient délogés bon nombre de burnous, derrière les moindres plis de terrain brillaient des canons de fusils. Ces rencontres donnaient lieu à des escarmouches sans importance qui se terminaient toujours par une course au clocher dans laquelle les fuyards déployaient une vigueur de jarrets digne des coureurs de l'ancienne Grèce.

Le troisième jour après la destruction du douar des Hachems, les Français s'arrêtaient aux pieds de l'Ouaransenis. Nulle trace d'ennemis dans la vallée; seulement sur les crêtes quelques vedettes observant les mouvements de la colonne expéditionnaire.

Ce n'est pas chose facile que de débusquer des gens retranchés au sommet d'une montagne; ils ont l'avantage de la position; abrités derrière des rochers, ils tirent à coup sûr sans crainte d'être atteints; les rochers qui leur servent d'abri sont encore pour eux de puissants auxiliaires; des blocs énormes sont poussés sur les pentes rapides, roulent avec fracas et écrasent des files entières d'assaillants.

Il ne s'agissait pas, comme chez les Hachems, d'un acte d'énergie; on avait à triompher et des hommes et des difficultés du terrain.

Un conseil de guerre fut tenu. Les officiers supérieurs et les capitaines y furent appelés. L'attaque immédiate fut résolue d'une voix unanime. L'infanterie eut pour mission de gravir les contre-forts, pendant que la cavalerie, conduite par un guide sûr, gagnerait par un défilé le plateau occupé par les tribus insoumises.

Aussitôt les tambours battirent la charge, et nos soldats, oubliant leurs fatigues, commencèrent au pas de course leur laborieuse ascension. Ils parcoururent huit cents mètres sans être inquiétés; mais arrivés à un endroit où les rochers dressaient leurs masses inaccessibles, ils furent accueillis par une vive fusillade et par des quartiers de granit s'abattant sur eux comme une avalanche.

Il y eut un moment d'hésitation chez ces braves, mais cette hésitation ne dura qu'une seconde. Sous la grêle de balles et de pierres qui les décimait, ils s'accrochèrent aux aspérités des rochers, aux touffes d'herbe, aux arbustes; ils escaladèrent cette barrière infranchissable, grâce à des efforts surhumains, et atteignirent une terrasse servant de base au plateau. Comme à cet endroit la plate-forme où s'était retirée la smalah faisait saillie, les assaillants se trouvaient garantis contre les projectiles ; ils en profitèrent pour reprendre haleine et concerter l'escalade du dernier contre-fort. C'était le plus rude de la besogne. Les roches escarpées, taillées presque à pic et complétement dénudées, n'offraient aucune prise, aucun point d'appui. A moins d'être doué de l'agilité d'un chat, il était presque impossible de se hisser là-haut. Mais le vainqueur de Marengo nous a enseigné que le mot impossible n'est pas français.

Julien, sur la terrasse, se livrait à un examen minutieux des lieux ; il allait et venait, cherchant un chemin quelque peu praticable. Rien, absolument rien. La muraille parfaitement lisse. Nul vestige de pas humains. La chèvre capricieuse ne s'était jamais aventurée là. Et cependant il fallait prendre une prompte détermination. Les cavaliers approchaient du plateau. Le montagnard se grattait l'oreille comme un homme en quête d'une idée.

— Mes amis, s'écria-t-il tout à coup, j'ai trouvé une route toute tracée. Les plus vigoureux au pied de la muraille. Bien, comme cela. Serrez-vous les uns contre les autres. Vous êtes quarante ; c'est suffisant. Maintenant, que ceux qui se sentent assez forts pour porter un camarade montent sur les épaules des premiers. A merveille. Tenez-vous collés au rocher. Très-bien. A présent, que les plus lestes me suivent, le fusil en bandoulière.

On obéit spontanément au caporal : sa conduite chez les Hachems lui avait gagné la confiance de ses compagnons d'armes.

Julien sauta d'un bond sur les épaules du vigoureux Goliath, sur lequel reposaient les pieds de Michel, puis sur celles de ce dernier. Notre héros, sur cet échelon vivant, dépassait de toute la tête le plateau. La manœuvre de Julien fut imitée par quarante alertes soldats, au milieu des bruyants éclats de rire de ces braves émerveillés de cette ascension d'un nouveau genre.

A peine les Arabes aperçurent-ils les têtes des Français, lesquelles débordaient la plate-forme, qu'ils firent une décharge générale ; quelques hommes roulèrent sur la terrasse ; mais l'élan était donné. Ceux que le plomb meurtrier avait respectés s'élancèrent sur le plateau, pendant que leurs camarades, jaloux de les rejoindre, montaient gaîment l'échelle humaine.

Une minute s'était à peine écoulée depuis la décharge des Arabes, et cent fantassins se trouvaient en présence de l'ennemi. Julien était au premier rang. La petite colonne se forma à la hâte en bataille et s'avança résolûment vers les tentes. En ce moment la cavalerie débouchait par le versant opposé. A mesure que d'autres fantassins parvenaient au plateau, ils ralliaient la colonne.

La plate-forme où allait s'engager l'action avait une étendue de sept kilomètres environ. Les Arabes étaient au nombre de huit mille, dont cinq mille combattants. Ils avaient placé au centre les femmes, les enfants et les troupeaux, et paraissaient disposés à disputer avec acharnement leur position. Mentionnons que quelques compagnies avaient été postées sur la terrasse pour recevoir les Bédouins, s'il leur prenait fantaisie d'opérer leur retraite par la voie que venaient de suivre les Français. La tactique de nos adversaires, de beaucoup supérieurs en nombre, était de nous envelopper. Aussi se ruèrent-ils sur nos troupes, en décrivant un grand arc. Le général français, en prévision de ce mouvement, avait fait former les carrés. Quand les Bédouins furent à demi-portée de fusil, ils furent foudroyés par un feu roulant qui les obligea de reculer. En vain revinrent-ils à la charge. En vain, saisissant les baïonnettes de nos intrépides guerriers, ils tentaient de se frayer un passage à travers des carrés formidables ; ils furent toujours repoussés avec perte. Nous continuions à nous rapprocher des tentes.

Les Arabes n'ont pas en partage la persévérance. S'ils ne triomphent pas tout d'abord, le découragement s'empare bien vite d'eux. C'est ce qui arriva dans cette circonstance. Désespérant de vaincre, ils songèrent à mettre en sûreté leurs troupeaux, leurs femmes et leurs enfants. Se repliant sur le douar, ils commencèrent aussitôt à battre en retraite. Cette tentative fut loin de leur réussir. Acculés au bord des précipices, ils étaient jetés par centaines dans des abîmes sans fond, ou allaient se briser sur les rochers qui servaient d'assises au plateau, ou expiraient sous les baïonnettes de nos compagnies occupant la terrasse.

Deux pièces de campagne habilement manœuvrées contribuèrent à mettre le désordre dans leurs rangs.

Privés d'un de leurs principaux chefs, fait prisonnier par le caporal Julien, se croyant perdus sans ressource, et voulant éviter leur ruine complète, ils mirent bas les armes, demandèrent à parlementer et offrirent l'aman (1).

La soumission des tribus de l'Ouaransenis fut acceptée. Le but que s'était proposé le général commandant l'expédition était atteint. Les vaincus livrèrent des otages, et acquittèrent sur-le-champ le tribut et la contribution de guerre. Le paiement se fit en nature. Trois cents têtes de gros bétail, mille moutons, cinquante chevaux de race passèrent dans le camp français, sans compter plusieurs centaines de sacs de froment et de riz et plusieurs tonnes de poudre. Ces arrangements réglés, Français et Arabes fraternisèrent.

Le soir de cette journée, une proclamation du général fut lue à la petite armée. Le général louait dans cette proclamation

---

(1) Formule de soumission des Arabes offrant de payer le tribut et la contribution de guerre.

l'énergie et le courage des officiers et des soldats, et mentionnait les récompenses accordées à ceux qui s'étaient distingués d'une manière particulière. Le caporal Julien, pour sa belle conduite dans cette affaire et chez les Hachems, était promu au grade de sergent.

Le lendemain, la colonne expéditionnaire abandonna le plateau de l'Ouaransenis. Cinq jours après, elle faisait son entrée à Oran, aux acclamations de la population européenne accourue pour saluer de ses vivat les vainqueurs.

IX.

LA PRIÈRE ET LES BONNES MŒURS.

La part glorieuse prise par Julien à l'expédition contre les Hachems et contre les tribus de l'Ouaransenis portait ses fruits; il était sous-officier; le grade élargissait le cercle de son influence et lui permettait de travailler avec plus d'efficacité à la régénération religieuse et morale du soldat. Qu'eussent produit, en effet, tous les raisonnements de notre héros, s'ils n'eussent été étayés de l'autorité que donnent la position et surtout l'exemple? Julien avait dit et redit bien souvent à ses camarades que les soldats peuvent être pieux et courageux tout ensemble; sur le champ de bataille, où il descendait pour la première fois, il venait de prouver d'une manière éclatante que sa conduite était en parfait accord avec ses principes. Et le soldat, qui avait vu Julien s'agenouiller pour élever son cœur à Dieu, l'avait vu faire vaillamment son devoir en face de l'ennemi. Toutes les troupes de cantonnement à Oran avaient appris que le conscrit du *Vulcain* avait, au péril de ses jours, sauvé la vie au colonel N*** ; elles avaient applaudi à un avancement, juste récompense d'un dévouement tout d'abnégation.

La réputation de l'enfant des montagnes avait franchi les limites de sa caserne. On s'entretenait dans les chambrées de sa vaillance, de son sang-froid dans le danger, de sa présence d'esprit, et aussi de ses projets de réformation. Sur ce dernier point, la curiosité de tous était piquée : résultat pratique satisfaisant ; car, lorsqu'on s'occupe d'une chose bonne en elle-même, cette chose est bien près d'être acceptée.

Il serait superflu de dire que l'éminent service rendu au colonel N*** n'avait fait qu'accroître son amitié pour son jeune sauveur ; cette particularité était sue de tout le monde, et la considération, l'estime dont Julien était entouré ne faisait qu'y gagner.

Le terrain était donc préparé, le temps de semer venu. Pour mener à bonne fin son entreprise, pour faire le bien, le montagnard avait besoin du concours de ses supérieurs. Il s'ouvrit au colonel, au capitaine de sa compagnie ; ces officiers approuvèrent et louèrent ses généreuses intentions.

L'entretien de notre héros avec Michel, Goliath, le tambour, dans un corps de garde d'Oran, n'avait pas été stérile ; cet entretien avait été répété aux camarades, commenté, expliqué ; beaucoup de *soi-disantes* affaires d'honneur avaient été arrêtées ; les conscrits n'étaient plus autant tourmentés par leurs aînés dans la carrière militaire. C'était une amélioration sans doute. Mais Julien ne s'abusait pas ; il comprenait que pour opérer un grand changement, pour détruire le mal dans sa racine, il était nécessaire, indispensable que sa parole arrivât à l'oreille du plus grand nombre.

Pour avoir un auditoire nombreux, il imagina d'établir, avec l'approbation de M. N***, en dehors de l'école régimentaire, où étaient enseignés seulement les premiers éléments de la langue et du calcul, un cours plus élevé, plus sérieux, dans lequel les soldats et les caporaux, possédant déjà quelques connaissances, recevraient des notions de mathématiques, d'histoire, de géographie, de grammaire raisonnée et de littérature, et acquerraient le degré d'instruction exigé des officiers. Ce cours était tout simplement un bienfait pour les soldats et les caporaux animés de la louable ambition de se créer par le travail une position assurée.

L'appel fait par Julien à ses frères d'armes fut entendu. Le local affecté à la nouvelle école se trouva trop petit, et force fut au professeur de se procurer une salle plus spacieuse. Les élèves ne furent pas uniquement de simples soldats et des caporaux, mais il y vint des sous-officiers, qui ne croyaient pas déroger en se mettant sous la direction de leur égal.

Les progrès furent rapides, et il n'en pouvait pas être autrement. Julien ne craignait pas sa peine ; mu par un sentiment chrétien, il mettait tout en œuvre pour gagner de nouveaux titres à la confiance, à la reconnaissance de ceux qu'il désirait si ardemment ramener à la pratique religieuse. Le colonel, le capitaine du montagnard, d'autres officiers inspectaient fréquemment l'école ; jamais ils ne se retiraient sans adresser des éloges et des paroles d'encouragement aux disciples, pour leur application, leurs succès; au maître, pour son zèle dans l'accomplissement d'une tâche volontaire hérissée de difficultés.

Ce cours fonctionnait à peine depuis six mois, et déjà la plus grande partie des élèves pouvaient aspirer à l'épaulette, sans être taxés de présomption.

Le général commandant l'armée de l'Algérie fut instruit, par un rapport circonstancié émané du colonel N***, de l'innovation utile introduite par le sergent Julien dans un des régiments en garnison à Oran ; le rapport faisait, en outre, mention des résultats importants déjà obtenus.

Le général remercia, dans une lettre flatteuse, le jeune sergent de son dévouement désintéressé, l'exhorta à persévérer dans sa noble entreprise, le mit à l'ordre du jour, et le promut au grade de sergent-major.

Lorsque notre héros jugea ses auditeurs suffisamment édifiés sur les matières composant le programme du cours, il leur proposa d'ajouter à ce programme quelques leçons de philosophie et de logique, ces leçons devant, disait-il, contribuer à former leur style, développer leur intelligence, et mûrir leur raison.

Cette proposition fut acceptée avec joie.

— Pour vous habituer à raisonner, poursuivit Julien, je vous autorise, dans nos leçons de philosophie et de logique, à me soumettre vos objections. J'essaierai de les détruire. Vous, de votre côté, vous chercherez à ruiner mes arguments. De cette façon, vous formerez votre jugement, et l'étude des sciences mathématiques vous deviendra moins pénible.

— A quand la première leçon ? demandèrent les élèves.

— A demain, répondit le professeur. Je traiterai des devoirs de l'homme envers Dieu. Fouillez dans l'arsenal des sophismes, ajouta-t-il en riant ; aiguisez votre dialectique, faites ample provision d'objections. Je vous préviens que je suis armé de pied en cap, et prêt à frapper d'estoc et de taille. C'est à un tournoi que je vous convie, mais à un tournoi des intelligences. Disposez-vous au combat par la réflexion ; je vous donne accès à l'avance dans la place, cherchez le point vulnérable. Mais retenez bien qu'en preux chevaliers que nous sommes, nous lutterons avec loyauté et courtoisie, et nous serrerons cordialement la main des vaincus, quels qu'ils soient.

Cette harangue, moitié plaisante, moitié sérieuse, fut

accueillie aussi gaîment qu'elle avait été prononcée. Et l'on se sépara impatients du lendemain.

A l'heure désignée pour la leçon, la salle était littéralement remplie. Indépendamment des auditeurs habituels, étaient accourus des sous-officiers des autres régiments, informés de l'objet de la leçon et curieux de voir comment le sergent-major Julien se défendrait contre le feu roulant des arguments qu'on ne manquerait pas de lui opposer. Tous les officiers du régiment de Julien assistaient à la séance, le colonel N*** en tête. Ce dernier, dans le secret des desseins du montagnard, et sincèrement intéressé à la réussite d'un projet dont le but était la moralisation du soldat, avait voulu s'assurer par lui-même de l'effet produit par la parole chaleureuse du zélé réformateur.

Lorsque le montagnard se leva, le plus profond silence se fit dans l'assemblée.

— Jusque-là, mes chers camarades, je vous ai trouvés dociles à ma voix, empressés à suivre mes conseils, à mettre en application mes préceptes; jusque-là je n'ai eu qu'à me féliciter de vos louables efforts pour étendre le domaine de votre intelligence, et, grâce à Dieu, vos labeurs ont été bénis. Tous vous avez fait un grand pas dans la science humaine, tous vous avez puisé dans nos conférences, rendues faciles et agréables par votre constante attention, un degré d'instruction, sûr garant de votre avenir. Demeurerez-vous sourds à mes accents, alors que je vais essayer de vous initier à la science divine? Non, je ne peux le croire. Le passé me répond de l'avenir. Laissez-moi espérer que vous vous montrerez aussi jaloux de posséder la science ayant Dieu pour objet que la science ayant pour fin des spéculations purement humaines.

Je vais vous entretenir aujourd'hui d'un des principaux devoirs de l'homme envers Dieu. Quel est ce devoir? La prière.

« La prière! objecteront peut-être légèrement ceux qui ne

réfléchissent pas. Mais nous ne sommes pas des Trappistes. C'est là l'affaire des religieux ; ils abandonnent le monde pour prier. Nous, nous sommes soldats ; à chacun son métier. Aux religieux d'accomplir les actes de dévotion ; à nous de combattre. »

Voilà, si je ne me trompe, le plus sérieux argument qui pourra se produire contre la prière.

Vous êtes soldats, c'est-à-dire nous sommes soldats : c'est parfaitement vrai. Mais avant d'être soldats, nous sommes hommes ; l'uniforme n'a pas la vertu de nous dépouiller de notre humanité. Puisque, sous l'uniforme, nous ne pouvons pas un seul instant cesser d'être nous-mêmes, d'être hommes, nous sommes donc assujettis aux mêmes lois que ceux de notre espèce vivant de la vie civile.

Cette objection écartée (votre bon sens en a fait promptement justice), les hommes sont-ils rigoureusement tenus de prier Dieu ?

Examinons cette proposition.

Qu'est-ce que Dieu ? Qu'est-ce que l'homme ? Je ne vous ferai pas l'injure, mes chers camarades, de vous démontrer l'existence de Dieu, sa nature, son essence, ses attributs. Vous savez aussi bien que moi que Dieu est cet être fécond et universel, souverain créateur de toutes choses. Vous savez aussi bien que moi que Dieu est infini dans son intelligence, dans sa volonté, dans sa puissance, dans sa justice, dans son amour, dans ses conceptions ; vous savez aussi bien que moi que Dieu est le bien suprême, qu'en Dieu résident toutes les perfections, que les perfections de la terre ne sont que de pâles copies de ces perfections divines. Vous savez enfin, comme je le sais moi-même, car vos mères vous l'ont appris, car le prêtre qui vous a conviés pour la première fois à la communion, ce banquet céleste, vous l'a enseigné, vous savez, comme je le sais moi-même, que Dieu est le maître, le dominateur légitime et unique de l'univers ; votre conscience, votre raison, les apparences physiques, le consentement unanime des peuples, le proclament bien haut. Oui, Dieu est le roi du monde ! L'astre éclatant qui nous éclaire de sa lumière, nous réchauffe de ses feux, féconde la terre de sa chaleur bienfaisante, mûrit les moissons ; ces milliers d'animalcules qui par leur extrême petitesse échappent à l'œil de l'homme, et qui cependant trouvent tous une nourriture appropriée à la faiblesse de leurs organes, sont une preuve manifeste de cette vérité.

Qu'est-ce que l'homme ? L'homme est un peu d'argile animée par le souffle de la Divinité, une âme raisonnable servie par des organes. L'homme a reçu sa force et son existence de Dieu. On ne prétendra pas sans doute que l'homme soit son propre auteur ? Car, à ce compte, il serait Dieu lui-même.

Donc l'homme est une chose créée, un ouvrage façonné de la main d'un auteur. Si Dieu est le créateur de l'homme, Dieu a sur l'homme le même droit que l'ouvrier sur le produit de son travail, l'artiste sur son œuvre, l'agriculteur sur ses récoltes. Niera-t-on que le sculpteur Phidias ait eu un droit imprescriptible sur sa *Minerve?* Ne pouvait-il pas, après avoir donné la vie à ce marbre insensible, anéantir cette statue, une des plus belles conceptions de la Grèce ancienne ? Et Michel-Ange, le fameux peintre, ne pouvait-il pas lacérer son inimitable toile de la *Sainte Famille?* Racine détruire ces magnifiques tragédies où, dans des vers admirables, il fait fléchir d'une manière si noble, si sublime, la passion devant le devoir ? Bossuet déchirer ses pages immortelles écrites à la gloire de Dieu ?

Mettre en doute le droit du créateur sur la chose créée, ce serait mettre en doute la propriété elle-même, briser les liens de la famille, attaquer la société dans ce qu'elle a de plus consolant et de plus respectable ! Or, ce droit de propriété, ce droit de l'auteur sur son œuvre, vous le reconnaissez, mes chers camarades, vous le proclamez utile, nécessaire à l'homme, juste pour l'homme. L'habitant des campagnes n'a-t-il pas dit naguère, alors que des sectaires insensés, nés de la révolution de 1830, menaçaient la propriété de leurs criminelles utopies : « Si les brigands tentaient de nous dépouiller, derrière chaque sillon apparaîtrait le canon d'un fusil! » Et l'habitant des campagnes eût eu raison en repoussant la violence par la force ; il eût défendu son droit de propriété attaqué au mépris des lois divines et humaines.

Seriez-vous conséquents, seriez-vous justes, en dépouillant Dieu d'un droit que vous octroyez à l'homme?

Disons-le donc, Dieu peut disposer de l'homme comme de chose lui appartenant; l'homme est sous la dépendance de Dieu.

Le créateur de l'univers est le dispensateur prodigue de tous les biens, des biens solides et impérissables; il les tient à la disposition de l'homme ; mais pour que l'homme les obtienne, il faut tout au moins qu'il les demande.

Comment l'homme s'avouera-t-il le vassal de Dieu ? En l'adorant, en s'humiliant devant lui, en confessant le néant de la nature humaine. Comment l'homme demandera-t-il les biens dont Dieu est le dépositaire? En recourant à la prière. Et qu'est-ce autre chose que prier Dieu, sinon lui demander avec confiance, avec instance, avec abandon, l'accomplissement de nos désirs, mais de nos désirs conformes à la vertu, conformes au plan de la Providence et de l'éternelle Sagesse?

La prière est donc un acte de soumission, et en même temps un acte de demande.

L'acte de demande ne peut être contesté; car vous savez tous qu'il est convenable, essentiel, logique, de demander ce que l'on veut obtenir.

Vous aspirez tous à devenir un jour officiers. Si l'épaulette était attachée à une demande, que de suppliques arriveraient à l'adresse du ministre de la guerre !

Reste l'acte de soumission. C'est la partie de la prière la moins goûtée de vous, n'est-ce pas? Il est dur de reconnaître un maître, un seigneur. Eh ! mon Dieu, je ne songe pas à vous en faire un crime. Il en coûte, je le sais, à notre orgueil natif d'avouer une supériorité, de quelque part qu'elle vienne. Nous nous révoltons à l'idée de notre infériorité. Nous voudrions pouvoir bannir de notre langue ces mots malsonnants, *domination, obéissance*. Mais notre orgueil a beau rougir de notre sujétion, notre conscience nous crie : La domination et l'obéissance sont les fondements de la société humaine, de la famille humaine. Tant que le monde sera monde, il y aura des hommes qui commanderont et d'autres hommes qui obéiront, il y aura des gouvernants et des sujets. Supprimez ces deux états de l'homme, la domination et l'obéissance ; que devient notre armée française à laquelle vous êtes fiers d'appartenir? Que serait cette armée sans général ?, Que serait une nation sans chef ? Ne nous élevons pas si haut dans l'échelle sociale, si vous le voulez ; arrêtons-nous au premier échelon.

La famille, cette réunion de quelques individus à peine, sera-t-elle possible, si vous enlevez au père son autorité sur ses enfants ? Tous vous me répondez : Non ! Tous vous dites avec moi : Oui, l'autorité du chef de l'Etat sur ses sujets est une chose rigoureusement nécessaire ; oui, l'autorité du général sur l'armée soumise à ses ordres est rigoureusement nécessaire ; oui, l'autorité du père sur ses enfants est rigoureusement nécessaire.

Notre accord sur ce point fait singulièrement pencher la balance en faveur de la prière. Nous voulons tous ensemble, et il ne peut pas y avoir d'opposition, nous voulons tous ensemble que le père de famille soit entouré de respect, de vénération ; nous voulons qu'il règne et sur le cœur et sur l'esprit de ses enfants; nous voulons, en un mot, que les enfants obéissent à leur père. Mais obéir, c'est, si je ne me trompe, faire acte de soumission, d'humilité, d'assujettissement; c'est subordonner sa volonté à celle d'un autre. Or, Dieu est infiniment plus grand que tous les princes de la terre, il est le roi des rois; il est notre père à de bien autres titres que nos pères selon la chair, et il a donc un droit au moins égal à notre soumission et à nos respects.

Je me résume :

La prière est un hommage, la prière est une invocation à Dieu; or, Dieu est le souverain maître de tous les êtres et le dispensateur de tous les biens; il y a pour nous nécessité de le prier, puisqu'il est notre souverain et que nous sommes ses sujets; puisque nous avons tant à demander, la santé du corps, la tranquillité de l'esprit, un terme à nos maux, la consolation dans nos chagrins, la réalisation de nos espérances, la conservation de nos parents, la prospérité de nos amis; que sais-je encore?

Qui vous empêche donc de prier? Je vais vous le dire.

Ce qui vous empêche de prier, ce n'est pas un doute, impossible, touchant l'existence de Dieu. Cette monstruosité est encore à éclore dans un cerveau humain, et les malheureux qui, dans leur orgueil, ont fait ou font profession d'athéisme, trompent le monde sans pouvoir se mentir à eux-mêmes; ils échappent à l'appréciation du vulgaire, mais ils demeurent confondus devant le témoignage immuable et irrécusable de leur conscience!

Ce qui vous empêche de prier, c'est le respect humain, le plus terrible ennemi de votre repos! Le respect humain! l'écueil des croyances les plus saintes, des inspirations les plus nobles!

Comprend-on que des soldats, braves par nature et par métier, n'aient pas le courage de leurs convictions?

— Assurément, dira celui-ci, je crois en Dieu, je ne suis pas assez fou pour nier l'évidence. Je sais également que Dieu a droit à nos hommages, que par conséquent il y a obligation étroite pour nous à lui rendre le culte intérieur et extérieur qui lui est dû. Mais que dira-t-on, si je vais à la messe? Que dira-t-on, si l'on me voit prier? On se moquera de moi, on me tournera en ridicule; on me jettera à la tête les épithètes de dévot, de bigot. Si tout le monde pratiquait, je m'empresserais de pratiquer; j'en serais bien aise, bien heureux ; car par là je mettrais fin aux troubles de mon âme. Mais la majorité s'abstient ; je me range du côté de la majorité. Attendons.

— Je désire sincèrement remplir mes devoirs religieux, dira celui-là, mais prenons garde, mes camarades m'observent. S'ils me voient prier, ils vont m'accuser de faiblesse, de pusillanimité ; ils croiront que je faiblis. Passer pour lâche n'est nullement agréable. Et puis, tenir une conduite diamétralement opposée à celle des autres, n'est-ce pas ouvertement faire leur procès? Combien de mécontents! Tous les indifférents se soulèveront contre moi. Après tout, il ne m'appartient pas de me déclarer en révolte ouverte contre mes camarades. Attendons.

Attendre, mes chers camarades ! Mais si vous vous attendez tous les uns les autres, personne ne commencera ; et vous continuerez à donner au monde le spectacle affligeant d'hommes croyants, mais arrêtés par la plus misérable des considérations dans la manifestation de leurs croyances religieuses : le respect humain.

Voyons, votre bravoure est un objet d'admiration et d'envie pour les peuples, nos rivaux. Eh bien ! marchez contre le respect humain comme vous allez au feu. Aguerrissez-vous contre les railleries, affrontez courageusement les sarcasmes, et vous triompherez du respect humain, de l'opinion, comme vous avez triomphé des Arabes !

Ne vous êtes-vous jamais demandé s'il n'y avait pas lâcheté à ne pas pratiquer ce que l'on croit, par crainte du ridicule? Voudriez-vous compromettre ce renom de courage pour lequel vous arrosez de votre sang la terre d'Afrique?

Votre cœur se soulève d'indignation à cette question indiscrète.

Conservez votre calme. Votre vaillance demeurera intacte; car vous prierez. Vous prierez, parce que c'est votre devoir; vous prierez, parce qu'il y va de votre intérêt.

Oui, la prière n'est pas seulement une loi obligatoire, mais elle est encore pour vous d'une bien grande utilité.

Nous savons d'où vient le genre humain; du néant. Nous savons où vit, où s'agite le genre humain; sur la terre dont il n'est que l'hôte passager. Où va le genre humain? A la mort, me répondrez-vous. Mais n'y a-t-il rien au delà de la tombe? L'homme, ce chef-d'œuvre de la création, ce roi de la nature, est-il destiné à s'anéantir dans les vers du sépulcre? La vie actuelle n'est-elle pas plutôt un passage, une transition naturelle à une autre vie sans bornes dans la durée? Enfin, la vie future est-elle une vérité ou le rêve d'un cerveau en délire?

Les mauvais plaisants feront peut-être cette réponse : « Pas un mort n'a eu l'attention de revenir de l'autre monde, pour nous convaincre que tout ne meurt pas dans l'homme. » Ou bien : « La résurrection est une chose éminemment consolante; elle n'a qu'un tort, qu'un seul tort à nos yeux, c'est d'être impossible; car la mort, c'est la décomposition du corps en une infinité de molécules. Comment avec cette poussière reconstituer la chair, les viscères, les nerfs, les vaisseaux sanguins, la charpente osseuse de tous les êtres humains? Comment distinguer dans ces poussières différentes et mélangées la cendre de chaque individu? La raison se refuse à admettre pareille combinaison! »

Ah! messieurs les mauvais plaisants, de ce que les morts

ne reviennent pas (et combien d'entre vous mourraient d'effroi, tout courageux qu'ils sont, si ce fait se produisait!), vous concluez que la vie future est une utopie, une chimère, un conte de bonne femme à l'usage des déshérités de la fortune ; une fiche de consolation imaginée par les riches et les puissants pour faire accepter au pauvre sa misère, au faible son état de sujétion !

Les morts ne reviennent pas sur la terre! Cela prouve seulement qu'il ne peut plus y avoir rien de commun entre l'homme accomplissant son pèlerinage sur la terre et l'homme qui est arrivé au terme du voyage.

La résurrection impossible? Jamais Dieu ne pourra démêler dans les cendres confondues de soixante siècles les atomes composant naguère les différents individus? Mais alors quelque chose serait impossible à Dieu ; il serait borné dans sa puissance ; il ne serait pas Dieu. Conséquemment le monde n'aurait pas de créateur, l'œuvre d'ouvrier, l'effet de cause. Cette hypothèse de la non-résurrection aboutit fatalement à l'absurde. Nous avons cependant démontré l'existence de Dieu ; cette existence avec tous ses attributs infinis est par vous acceptée. Donc la puissance de Dieu n'est pas limitée, et la résurrection est possible.

Et d'ailleurs, n'acceptons-nous pas comme vrais, comme incontestables, des phénomènes physiques dont notre raison n'aura jamais l'explication? Par quel procédé les végétaux, les grains, la chair des animaux, le vin, base de notre alimentation, par quel procédé ces substances, après avoir été élaborées dans l'estomac, se trouvent-elles transformées en notre propre substance? Expliquez-moi ce phénomène impossible. Et pourtant rien n'est plus positif; ce changement s'opère chaque jour, et chaque jour ce phénomène échappe aux investigations de l'esprit. C'est un mystère. Et vous nieriez la résurrection, qui est aussi un mystère, il est vrai, mais dont la logique la plus élémentaire démontre la nécessité?

Qu'est-ce que la résurrection? La manifestation de la justice divine. Sans la vie future, que serait la justice de Dieu? Et trop souvent, hélas! la justice des hommes n'est qu'un mot. Nous avons tous été, sans exception, créés avec des droits égaux, des facultés semblables, des passions identiques, des besoins énergiques au même degré; nous sommes frères, puisque Dieu est notre père commun, puisque la terre est notre commune mère. Pourquoi alors n'avons-nous pas dans cette vie les mêmes avantages, la même somme de bonheur et de malheur? Pourquoi les uns souffrent-ils, pendant que les autres sont dans la joie? Ceux-ci regorgent de richesses; ceux-là, en proie à la plus profonde misère, manquent du nécessaire!

Ce négociant opulent ne sait pas le chiffre exact de son immense fortune; il réunit dans un somptueux palais les plus rares produits des deux mondes; il coule mollement sa vie sous des lambris dorés; il s'endort dans le velours et dans la soie.

A quelques pas de la demeure princière de ce fastueux nabab, considérez ce sombre réduit. A l'intérieur, des miasmes délétères, une eau fétide suintant des murailles dénudées; de meubles, point; car on ne donne pas ce nom à un chétif grabat, à une table boiteuse et vermoulue, aux ais disjoints, à deux escabeaux de bois réduits à trois pieds inégaux. L'habitant de cet antre, miné par la maladie, n'a pas un sou pour s'acheter du pain. Il mourra bientôt de faim, si la charité publique ne lui tend une main secourable.....

Voici un scélérat émérite; il a eu le talent de tromper les hommes, de leur donner le change sur son compte; il jouit d'une grande réputation d'honnêteté et de probité; il a devancé de vingt années, au moyen d'un breuvage habilement préparé, le moment où un sien oncle devait lui abandonner une riche succession. Mais il a soigné ce bon oncle avec tant de sollicitude, tant de dévouement ! il a passé tant de nuits au chevet du moribond ! Il a tant pleuré ce parent chéri après sa mort, qu'il est proposé pour modèle aux neveux à venir ! Notre scélérat, avec cette fortune si noblement acquise, se livre à des spéculations grandioses, et le monde de dire : « L'excellent homme ! Il pourrait se passer de travailler ; il se donne tout ce mal, afin de soulager la classe laborieuse, afin de procurer des travaux à une armée d'ouvriers.... » Et comme cette perle des neveux inspire une confiance aveugle, il s'en sert, de cette confiance si bien justifiée, pour pratiquer la sophistication, mais une sophistication exercée avec tant d'art sur l'ensemble des matières premières, qu'elle demeure inaperçue dans les parties.... Quand notre honnête homme mourra, on lui fera une pompeuse oraison funèbre !

Un crime vient d'être commis. On a trouvé dans un bois un homme mortellement atteint d'un coup de feu. Les soupçons se portent sur un voisin de la victime. Ce voisin est jeté en prison ; son procès s'instruit ; un fatal concours de circonstances établit suffisamment sa culpabilité ; il est condamné à mort, sa tête roule sur l'échafaud. Sa mémoire est flétrie. La flétrissure rejaillit sur tous les membres de sa famille. Trente ans après, le véritable coupable est découvert. Un innocent a donc péri de la mort des assassins ! Toute une famille a été déshonorée ! Et aucune compensation ne sera accordée à cet infortuné qui a subi les tortures, enduré les angoisses d'une lente agonie, entendu les imprécations de la multitude accourue à son supplice ?

Ainsi donc, ce riche dont la vie s'est écoulée dans les délices, ce pauvre qui a été aux prises avec le besoin, cet assassin qui s'est ri de la justice humaine, cet innocent qu'une fatale erreur du jury a livré à l'exécuteur des hautes-œuvres, s'anéantiront dans la tombe ? Avec leur dernier souffle tout sera fini ? Avec les cadavres, les vers du sépulcre détruiront la responsabilité humaine? L'homme en proie à la souffrance physique et à la douleur morale ne serait-il pas fondé à dire au Créateur : « Vous m'avez placé sur la terre pour en faire l'ornement, ma vie est bornée comme celle des animaux privés de raison, par conséquent j'ai droit à la même somme de bonheur, de jouissances, que mes frères mieux partagés que moi. La maladie me visite ; d'autres jouissent d'une bonne santé. Je ne possède pas une obole ; ceux-ci ne savent que faire de leur fortune. Je suis frappé dans mes affections ; ceux-là sont entourés de tous ceux qu'ils chérissent. Vous n'êtes donc pas juste, mon Dieu, en m'envoyant des afflictions, ou plutôt vous n'êtes pas Dieu ! »

Et il aurait raison, cet homme. Dieu ne serait pas Dieu, si le néant était le terme de notre vie passagère ! Mais Dieu est Dieu ; il est souverainement juste ; il ne peut pas laisser le crime impuni ; il ne peut pas refuser une compensation méritée à l'innocent opprimé. Donc il faut qu'après cette vie, qui n'est qu'une ombre, il y ait une autre vie destinée à réparer les erreurs d'ici-bas, à faire éclater les vertus des méchants selon le monde, à mettre dans leur jour les crimes de l'homme de bien selon le monde.

Un dernier mot pour expliquer le phénomène de la résurrection.

La nature est divisée en trois règnes : le règne minéral, le règne végétal et le règne animal. Les trois règnes nous fournissent un exemple saisissant de résurrection. Les végétaux sont doués d'une vie organique ; et lorsque l'animal broute l'herbe des prairies, il met fin à la vie d'un être organisé. Que devient cet être organisé jeté dans le torrent de la circulation? Il est assimilé à la substance de l'animal. L'herbe de la prairie ne périt pas, elle renaît dans l'animal, et elle renaît à une vie supérieure.

Pour nourrir notre corps, mes chers camarades, nous avons recours à la chair des animaux, nous mangeons le bœuf, le veau, le mouton, les oiseaux, les poissons. Pour faire de ces êtres un aliment, nous détruisons en eux la vie. Mais le veau, le mouton, le bœuf, les oiseaux, les poissons s'anéantissent-ils? Pas le moins du monde. Ils forment notre substance, ils renaissent, eux aussi, à une vie supérieure. La thérapeutique emploie une foule de minéraux administrés comme médicaments sous toutes les formes ; ces minéraux ne périssent pas davantage ; comme les végétaux et les animaux dont nous nous nourrissons, ils renaissent en nous à une vie supérieure.

Ainsi donc, des minéraux, des végétaux, des animaux privés de raison, se transforment, en mourant, pour vivre en quelque sorte d'une existence plus parfaite ; et l'homme, l'image de la Divinité, renaîtrait à une vie inférieure, en s'incorporant à tout jamais aux vers du tombeau?

Pour terminer, prenons, encore plus près de vous, un autre phénomène de résurrection.

A la caserne, vous trouvez dans chaque chambre un meuble. Ce meuble a les dimensions, six pieds de long sur trois pieds de large, presque la forme d'une bière. Sur ce meuble s'étale un blanc et froid linceul. Sur ce meuble, enveloppé dans ce linceul, vous venez vous étendre chaque soir, et chaque soir mourir pour cinq, six, sept heures, après avoir ordonné à vos yeux de ne plus voir, à vos oreilles de ne plus entendre, à votre bouche de ne plus proférer de paroles, à votre cerveau de ne plus transmettre à l'âme les impressions reçues, à votre cœur de ne plus aimer et de ne plus haïr, après avoir commandé enfin à tous vos sens de mourir, à votre intelligence de mourir, à votre conscience de mourir. Lorsque votre corps s'est glissé le soir dans sa bière, il était épuisé de fatigues, accablé par le travail. Le matin, la bière est devenue berceau ; vous secouez votre suaire, vous quittez la position horizontale, celle des cadavres, vous vous redressez, et de ce berceau vous vous élancez réconfortés, rendus énergiques, forts, par un sommeil bienfaisant, c'est-à-dire par une mort passagère, à la vie active, à vos labeurs habituels. Vous vous êtes retrempés dans la mort, vous êtes ressuscités.

Ainsi, mes chers camarades, le dogme de la résurrection est un fait incontestable. Vous prierez, pour obéir à la loi de Dieu, pour vous le rendre favorable, alors que commencera la vie d'outre-tombe, sans bornes dans la durée. Vous prierez, pour obtenir que votre vie terrestre s'écoule exempte de fautes graves, afin de vous approcher sans trouble, sans appréhension, au jour de l'éternelle justice, du tribunal du souverain juge, inexorable appréciateur de vos actes. Vous recourrez à la prière, mais à la prière efficace, à la prière préparée par les bonnes mœurs.

Que serait la prière sans des mœurs pures ? Une dérision. Ne serait-ce pas dire à Dieu : « Je veux accomplir seulement une partie de votre loi ; les autres préceptes de cette loi me gênent, je les laisse de côté. » Oseriez-vous demander de l'avancement à vos chefs, si vous vous contentiez de faire partiellement votre service, d'observer telles prescriptions de la discipline, en négligeant les plus essentielles de ses prescriptions ? Assurément non.

Il doit en être de même à l'égard de Dieu. Pour obtenir de lui quelque faveur, rendez-vous-en dignes en obéissant à ses commandements. Est-il bien difficile de suivre ces commandements ? Rien de plus facile, avec de la bonne volonté. Les bonnes habitudes se contractent aussi aisément que les mauvaises ; ayons souci de celles-là, tenons-nous en garde contre celles-ci. Appliquons-nous à fuir ces passions honteuses et dégradantes qui corrompent le cœur en énervant le corps. N'oublions jamais que notre corps est un tabernacle sanctifié par l'âme, cette émanation de la Divinité. Gardons nos cœurs purs de toute souillure; qu'ils soient un temple où Dieu se plaise à habiter.

Permettez-moi, mes chers camarades, de vous signaler un ennemi acharné des bonnes mœurs. Cet ennemi se présente à vous sous des dehors séduisants ; il vous flatte par sa bonne mine, il vous donne de la force, de la vigueur, s'il se communique à vous avec mesure ; mais cette communication devient-elle trop fréquente, adieu la force, elle est remplacée par la faiblesse ; adieu la vigueur, elle cède le pas à l'hébétement. Cet ennemi trompa jadis le patriarche Noé. Le second père du genre humain avait planté la vigne, il recueillit du raisin et en fit cette liqueur traîtresse dont vous appréciez les charmes, sans les redouter assez. Noé but à longs traits de cette liqueur, et ses membres de s'engourdir, et sa raison de déménager ! Vous savez la suite de l'histoire.

Ne jouez pas avec le vin ; c'est un jeune chat qui fait patte de velours pour mieux déchirer ensuite. Je tiens pour certain, mes chers camarades, que le vin engendre les trois quarts des mécomptes du soldat.

Buvez jusqu'à perdre la raison, vous négligez le service, vous mécontentez vos chefs, vous vous attirez des punitions, vous compromettez votre avenir. Les libations produisent-elles trop souvent l'ivresse, vous êtes signalés comme de mauvais soldats, les compagnies de discipline vous ouvrent leurs rangs : bien heureux, si vous n'expiez pas par votre vie cette fatale habitude ! On peut le dire, sans crainte d'être démenti, l'excès du vin est la source de tous les vices ; l'excès du vin a pour cortége l'oubli de tous les devoirs, la paresse, la débauche la plus hideuse, l'irréligion ; avec l'excès du vin, s'éteint l'amour de Dieu, l'amour de la patrie, l'amour de la famille. Pour l'homme tyrannisé par cet ennemi perfide plus d'amis !

Le disciple de Bacchus reste en face de sa dégradation.

Je le répète, en finissant cette longue causerie (et que de

choses j'aurais eu encore à vous dire!), priez, pratiquez les bonnes mœurs, et vous accomplirez par là vos devoirs envers Dieu, vos devoirs envers les hommes.

Maintenant, mes chers camarades, que ceux d'entre vous qui ont quelques objections à produire me les soumettent ; j'essaierai d'y répondre.

Profond silence dans l'assemblée.

— Ce silence, poursuivit Julien, est une adhésion tacite. Vous reconnaissez alors la nécessité de la prière et des bonnes mœurs, vous êtes disposés à mettre en pratique ce que vous reconnaissez désormais comme vrai, utile, nécessaire ?

— Oui, répondirent unanimement les élèves du montagnard.

— Je rends grâce à Dieu, continua Julien, d'avoir permis que mes paroles portassent la conviction dans vos esprits, je lui rends grâce avec effusion et pour vous et pour moi.

La séance est levée, et vous devez en être satisfaits ; je me suis abandonné au désir de servir vos intérêts, et j'ai mis votre patience à une rude épreuve ; veuillez en recevoir mes excuses.

Le colonel N***, suivi des officiers du régiment, s'avança alors vers le montagnard, lui prit affectueusement la main, et lui adressa ces paroles :

— Au nom du régiment, au nom de l'armée, je vous remercie de votre généreux dévouement pour vos frères d'armes. Vous servez doublement votre pays : vous versez votre sang sur le champ de bataille et vous employez vos heures de repos à travailler à rendre le soldat meilleur, à en faire un homme vertueux et religieux. Vous devez être content ; le succès a couronné vos efforts. Soyez béni par Dieu, et comptez que le gouvernement saura vous récompenser de tout le bien que vous faites.

X.

JOURNÉE D'ISLY. — INSURRECTION DU DAHRA. — BOU-MAZA.

Le cadre restreint de notre livre ne nous permet pas d'exposer en détail, comme au chapitre précédent, toutes les leçons faites par le montagnard à ses nombreux et assidus élèves, leçons dont il savait tempérer la sécheresse et le sérieux par des exemples choisis et intéressants et par d'innocentes plaisanteries. Disons seulement qu'au bout de quelques mois un changement notable s'était opéré dans les soldats commandés par le colonel N***, et que son régiment était le premier régiment d'Afrique, sous le rapport de la discipline et des bonnes mœurs. L'influence régénératrice de Julien se manifestait jusque dans les rapports du soldat avec les Arabes; ceux-ci étaient traités avec plus d'égards, avec plus d'humanité; ils étaient considérés comme des hommes, comme des frères égarés qu'on doit ramener à la vérité, non par la violence, mais par la persuasion. Quand le régiment était en campagne, la propriété était respectée ; le soldat ne se livrait plus au maraudage, il payait les denrées livrées par les Arabes ; et ces derniers, vaincus par les bons procédés dont on usait envers eux, plutôt que par nos armes, ne se sentaient plus autant de répulsion pour ces Français regardés par eux jusque-là comme des démons incarnés vomis sur la terre d'Afrique pour exterminer les disciples du prophète. Dans les chambrées, matin et soir, conscrits imberbes, vieux grognards à la moustache grisonnante, offraient un spectacle touchant et consolant à la fois; agenouillés au pied de leur couchette, ces hommes si terribles dans le combat s'humiliaient devant Dieu et lui adressaient de ferventes prières. Les cabarets étaient déserts, la cantine solitaire ; et c'était un phénomène prodigieux, quand, à de très-rares intervalles, un soldat rentrait trébuchant à la caserne, encore honteux et évitant avec soin ses camarades. Aussi cantinières et cabaretiers éclataient-ils en un concert de malédictions à l'adresse du montagnard.

Mais Julien se consolait de ces clameurs par la pensée du bien qui se réalisait. D'ailleurs il allait de nouveau être appelé à la vie active des camps.

L'Algérie était loin d'être complétement pacifiée ; et si les Arabes, en contact avec les armées françaises, avaient perdu quelque peu de leurs préventions et de leur ressentiment farouche, les tribus éloignées de notre centre d'action, travaillées par d'ambitieux lieutenants de l'émir, témoignaient de leur mauvais vouloir par une hostilité sourde, le refus de payer l'aman, le pillage de nos convois. Ces tribus en étaient bientôt venues à une révolte ouverte, et l'empereur du Maroc, ayant levé le masque, avait prêté aux rebelles l'appui de ses armes.

Dans un tel état de choses, le gouvernement français comprit qu'il était de l'intérêt de la colonisation en Algérie d'étouffer promptement la rébellion et de donner une sévère leçon au souverain du Maroc, qui, au mépris des traités et de la foi jurée, s'unissait à nos ennemis.

Le maréchal Bugeaud fut donc chargé de diriger en personne une expédition contre les tribus insoumises et contre le Maroc, où elles avaient trouvé asile.

La province d'Oran touche au Maroc; le régiment de Julien fut désigné pour prendre part à cette expédition.

De la vigueur et de la promptitude dépendait le succès; le maréchal rassembla en quelques jours un corps de dix mille hommes; avec ces forces il prit l'offensive.

Les Arabes ne songeaient pas à disputer le terrain à notre colonne; de fréquentes défaites les avaient rendus prudents; et avant de se mesurer avec nos troupes, ils voulaient avoir opéré leur jonction avec les Marocains. Cette jonction eut lieu à Ouchda, village de la province de Fez, sur les bords de l'Isly.

Les forces combinées des Arabes et des Marocains présentaient un effectif de quarante mille hommes. Le maréchal Bugeaud n'hésita pas à attaquer avec ses dix mille braves un ennemi quatre fois plus nombreux.

La petite rivière d'Isly coule, près du village d'Ouchda, entre d'énormes rochers; sur les rives dénudées croissent solitaires quelques chétifs lentisques, des oliviers sauvages, quelques pins rabougris; de maigres troupeaux broutent une herbe rare desséchée par les ardeurs du soleil.

A l'arrivée des Français, le 13 août 1844, le lit de la rivière était à sec en maint endroit; à peine un imperceptible filet d'eau se glissait-il timidement, honteux de son mince volume, à travers des pierres détachées de la berge.

Le régiment de Julien était à l'avant-garde. Près du montagnard cheminaient péniblement Goliath, Michel et le tambour.

Quand la rivière d'Isly fut en vue, le géant s'écria :

— Dites donc, sergent, voilà encore un tour de nos amis les ennemis! Ces gredins de *Peaux-d'olive,* renonçant à triompher de nous au moyen des *pruneaux de plomb* ou des *grattelard* (baïonnettes), se sont avisés de nous prendre par l'endroit sensible du tambour ici présent, par le gosier. Les mécréants se sont mis résolûment à l'œuvre, et ont absorbé en rien de temps la nappe liquide enfermée par le Créateur entre ces rives escarpées pour désaltérer les honnêtes gens que leurs affaires amènent en ce pays. Si encore ils avaient eu la délicate attention de substituer à l'eau claire le produit de la vigne, le tambour aurait pris bravement son parti de la disparition du breuvage fade mais indispensable fourni par les fontaines et les ruisseaux.

Ici Goliath s'arrêta court et se prit à promener activement l'index de la main droite sur une oreille.

— Diable! diable! sergent. Parole d'honneur, j'ai parlé sans réfléchir; je n'ai pas eu l'idée d'offenser le camarade.

Et, se tournant vers le pauvre garçon, objet de sa plaisanterie :

— Tambour, donne-moi la main. Foi de Goliath, ma langue a marché sans ordres. Oublie ce que j'ai dit.

— C'est oublié, Goliath, répondit le tambour. Mais sois plus réservé une autre fois. D'autant plus qu'en ce moment la raillerie est hors de saison. Vois comme nous tirons tous la langue, comme nous sommes harassés de fatigue! quatorze lieues, et des lieues taillées sur grande mesure, sur un sable brûlant, et sous un soleil qui ne l'est pas moins. Avec ça un ciel d'une pureté désespérante! Pour ma part, je paierais grassement un nuage épais, mais un de ces nuages gris foncé dont le Nord de la France est prodigue, lequel nuage me cacherait ce brasier ardent qui verse le feu sur nos têtes.

— Un baldaquin au tambour, s'écria Goliath; ou bien un parapluie, voire une ombrelle. Sergent, vous n'auriez pas, par hasard, dans votre sac, une tente toute dressée, à l'effet de préserver d'un coup de soleil le cerveau *susceptible* du camarade?

— Deuxième rechute, Goliath, reprit Julien. Vous êtes incorrigible.

— Pas moyen de le nier, sergent, dit Goliath tout contrit. C'est vraiment honteux pour moi ; aussi, avec votre permission, et afin de punir ma langue de son dévergondage, je vais la rogner d'un centimètre. Me donnez-vous la permission de m'infliger *subito* ce châtiment?

— Dieu m'en garde! repartit gaîment Julien. Je ne veux pas la mort du pécheur; je n'exige pas tant. Contentez-vous de tenir votre langue en bride, tout en laissant à cet instrument, pour vous si difficile à manier d'une façon convenable, sa longueur naturelle.

— Tambour, articula faiblement Goliath, me réitères-tu ton pardon? Je suis un grand coquin, je le confesse, et je ne suis pas digne de ton indulgence. Mais....

— A tout péché miséricorde, veux-tu dire, reprit le tambour. Eh bien! soit, passe encore pour cette fois; seulement n'y reviens plus.

Et Goliath et le tambour s'étreignirent les mains à se rompre les doigts.

Cependant l'avant-garde était parvenue à l'endroit où elle devait s'arrêter; elle fit halte et prit position à l'abri d'un mamelon couronné par des roches granitiques. Les postes furent sur-le-champ distribués, les sentinelles placées sur les crêtes, et les faisceaux formés. Ce moment de repos était d'une impérieuse nécessité : le soldat, épuisé par la marche et par la chaleur, ne pouvait plus littéralement mettre une jambe devant l'autre. Tous s'étendirent à terre, cherchant un sommeil réparateur. Mais un besoin énergique les tenait éveillés, la soif, cette torture réservée à ceux qui voyagent dans les régions arides; la soif, ce supplice sans cesse renaissant.

Les bidons étaient vides, et les malheureux fantassins en étaient réduits à tromper leur soif dévorante en promenant avec avidité leur langue desséchée sur l'orifice du baril en fer-blanc tari jusqu'à la dernière goutte. Heureusement, nos héroïques troupiers ne se laissent pas facilement aller au désespoir; ils supportent leurs maux avec une patience admirable, et au milieu des souffrances les plus cruelles, leur joyeuse humeur ne les abandonne pas un instant.

— Par ma foi, sergent, se prit à dire le jovial Goliath, nous ne sommes pas trop à plaindre. Nous avons avalé quatorze lieues pas trop larges, mais, pour être véridique, assez longues; et au bout de notre course, nous avons la chance de tomber dans un Éden, sur un amour de lit de camp naturel, sur lequel nous pouvons nous rouler à notre aise. Que désirer de plus? Ce lieu est charmant. Il n'y a pas d'herbe, c'est vrai; partant point d'humidité si favorable à la goutte. Les difficiles objecteront qu'il n'y a pas le moindre vestige de liquide? C'est à merveille; car, inondés de sueur comme nous le sommes, nous aurions indubitablement *attrapé* dans un milieu aquatique un rhume de cerveau, peut-être une pleurésie!

— Est-il drôle ce damné Goliath! repartit le tambour. Mais carcasse de bronze, tu n'as pas soif, toi!

— C'est-à-dire, répondit Goliath, j'ai eu quelquefois moins envie de boire. Et puis je me console de l'absence de boisson par cette considération que si nous avions de l'eau à notre fantaisie, nous en absorberions jusqu'à nous rendre malades. Pour le sûr nos intestins retentiraient du coassement des grenouilles. D'où je conclus que c'est par un bienfait tout spécial de la Providence que ce bijou de campement est veuf du plus petit filet.

— Haro, haro sur Goliath ! exclamèrent les soldats.

— Haro tant que vous voudrez, continua le géant, sans se laisser intimider par cette marque générale de désapprobation ; je maintiens ce que j'ai avancé. Voulez-vous que je vous soumette deux petites recettes pour donner le change à la soif? Vous acceptez? Ecoutez bien alors. La première de mes recettes est infaillible et d'une exécution à la portée de toutes les intelligences : sucez-vous activement le bout des doigts, passez et repassez dans votre bouche un fétu de paille, un petit caillou (et vous êtes servis à souhait, car en ce fortuné pays les pierres surtout abondent), un fragment de plomb ; et le tour est joué; vous narguez par ce procédé si simple la soif la plus intense. Je vous recommande particulièrement le plomb ; ce métal est d'une vertu puissante contre l'*altération invétérée*. — Seconde recette, aussi efficace que la première : transportez-vous par la pensée au pays natal. Vous êtes Normands, Saintongeois, Provençaux, Bretons, tout ce que vous voudrez, quoi! Représentez-vous nonchalamment couchés, dans un frais verger, sur une herbe soyeuse, au sortir d'un bain pris dans une onde transparente. Vous n'avez qu'à étendre la main pour saisir une bouteille à large panse, remplie d'un vin pétillant et généreux, ou une cruche recélant dans ses flancs rebondis un cidre mousseux ou un hydromel rafraîchissant. La bouteille ou la cruche est collée à vos lèvres ; la liqueur bienfaisante coule dans votre gosier, qu'elle humecte délicieusement; votre estomac s'en réjouit, et vous tombez dans cet état de béatitude que procure le nectar ingurgité avec mesure. Et de deux. La recette a opéré; vous avez bu en souvenir; vous n'avez plus soif.

— Le barbare! grommela le tambour. Sous prétexte d'adoucir nos maux, il les rend plus intolérables en étalant complaisamment à nos yeux des biens dont nous sommes privés.

— Vous avez tort de vous fâcher contre Goliath, tambour, dit Julien. Vous lui devez plutôt de la reconnaissance. Par son ingénieux babil il fait diversion à vos souffrances. Du reste, votre supplice va finir. Une sentinelle vient de signaler la colonne.

En effet, on apercevait en ce moment le corps expéditionnaire s'avançant en bon ordre; il eut bientôt rejoint l'avant-garde.

Des rations de vivres, de vin et d'eau, furent distribuées à chaque soldat; on y ajouta un peu de rhum ou d'eau-de-vie, et les hommes ainsi reconfortés attendirent paisiblement le lendemain.

Sur ces entrefaites, la nuit était survenue; on alluma des feux sur toute la ligne, et les troupes bivaquèrent.

Le jour suivant, bien longtemps avant l'aurore, toutes les dispositions étaient prises pour le combat, et la petite armée, abandonnant son campement, marchait dans la direction de l'Isly.

De leur côté, Marocains et Arabes faisaient bonne contenance. Dès que leurs vedettes eurent signalé l'approche des Français, ils se mirent en bataille sur les bords de la rivière, présentant un front redoutable. Par un luxe de précaution, qui leur était peu ordinaire, les ennemis avaient posté une réserve sur la rive opposée. L'action s'engagea aussitôt.

Avec messieurs les Arabes, il ne faut pas procéder par des manœuvres savantes; ce serait perdre son temps; il faut simplement du courage, du sang-froid. Le bon ordre de nos troupes les déroute complétement; ils ne comprennent pas qu'on fasse d'une bataille une sorte de promenade mesurée; ils ne comprennent pas non plus qu'on demeure tranquillement en place sous une grêle de balles et de mitraille, sans chercher à se garantir des projectiles. Ce n'est pas que les Bédouins manquent de courage ; nous avons déjà dit qu'en fait de bravoure ils ont suffisamment fait leurs preuves ; mais leur tempérament, leur humeur ne peut pas se plier à la discipline. Pour eux, pas de combat sans vociférations assourdissantes, sans mouvements impétueux et aventureux. Ils s'élancent tous à la fois, sans ordre, sans nul souci les uns des autres, attaquant individuellement comme au beau temps de la chevalerie ; c'est à qui arrivera le premier à l'ennemi, et déchargera le premier son fusil ou son pistolet. Cette décharge effectuée, ils tourneront bride et fuiront de toute la vitesse des jambes de leurs rapides coursiers, sans s'inquiéter le moins du monde de la confusion qu'ils jettent parmi les cavaliers attardés qui viennent à la charge.

Sur les rives de l'Isly, les Arabes et les Marocains ne changèrent rien à leur mode d'attaque. Leurs innombrables escadrons débordaient de toutes parts la petite armée française qu'ils enserraient dans un cercle immense.

Le maréchal Bugeaud jugea d'un coup d'œil d'aigle le désavantage de sa position. Développer sa colonne pour présenter un front égal à celui de l'ennemi, c'eût été s'affaiblir. Le vieux guerrier ne commit pas cette faute. Il fit masser ses troupes, afin d'opposer une muraille vivante à cette avalanche d'hommes et de chevaux qui menaçaient de l'écraser.

Cette manœuvre prudente décida du succès de la journée.

Jamais combat livré en Afrique ne fut plus acharné ; jamais victoire ne fut plus vivement disputée.

Comptant sur leur nombre et stimulés par la présence de leurs auxiliaires, les cavaliers arabes faisaient merveille et s'abandonnaient à tous les écarts de leur bouillante audace ; leurs hardis coursiers venaient brûler de leurs naseaux fumants le visage de nos intrépides fantassins, immobiles comme des blocs de granit.

De leur côté, les Marocains, ne voulant pas rester au-dessous de leurs alliés, disputaient avec eux de bravoure pour soutenir l'honneur national, et accomplissaient des prodiges pour avoir la gloire de vaincre les Français, réputés invincibles. Cette émulation de nos ennemis était pour nous une chance favorable de moins. Mais le génie de la France veillait à côté du maréchal.

Déjà plusieurs centaines d'Arabes et de Marocains avaient payé leur audace de leur vie ; une foule de blessés jonchaient le champ de bataille, et l'ardeur des ennemis, loin de se ralentir, semblait au contraire s'accroître. Ce n'était plus chez eux de la valeur ; c'était de la fureur, de la frénésie, de la rage parvenue à son paroxysme. Ils affrontaient la baïonnette, cette arme si terrible dans la main du soldat français ; ils mordaient le canon des fusils, ils heurtaient du poitrail de leurs chevaux les hommes placés au premier rang, et tombaient mortellement atteints en vomissant mille imprécations.

Qu'ils étaient beaux à voir, ces démons, avec leurs burnous blancs s'étalant derrière eux en une draperie gracieuse, avec leurs traits horriblement contractés, avec leurs yeux sortant des orbites ! Ils rappelaient ces divinités du paganisme se mêlant aux combattants pour les animer au carnage.

Mais il fallait en finir, et en finir promptement. Cette lutte prenait des proportions gigantesques. Les Français, malgré leur héroïsme, n'étaient pas à l'abri des balles, et plusieurs d'entre eux avaient succombé en criant : Vive la France !

Le maréchal donna l'ordre de former les troupes en carrés compacts et d'acculer les ennemis à la rivière. Ce mouvement fut presque aussitôt accompli qu'ordonné ; et les carrés se rapprochèrent de l'Isly, refoulant les Arabes et les Marocains. Nos adversaires comprirent que c'en était fait d'eux, s'ils conservaient leur position périlleuse ; ils tentèrent de quitter la berge pour se développer dans la plaine et prendre les carrés à revers. Cette manœuvre ne réussit qu'à quelques-uns. Les autres ne purent s'échapper ; pris entre les bords escarpés de la rivière et les masses formidables qui continuaient à s'avancer, ils se défendirent avec l'énergie du désespoir ; ils firent des efforts inouïs pour entamer ces murs humains ; mais, efforts inutiles, ils furent rejetés dans le lit de la rivière, où se brisèrent sur les roches aiguës hommes et chevaux.

Pendant que la lutte se terminait terrible et sanglante sur les rives de l'Isly, une nuée de cavaliers s'acharnaient sur les carrés pris à revers, comme nous venons de le dire. Le cheik Abdallah se faisait remarquer entre tous par son audace ; à la tête de son goum (1), il se ruait sur nos inébranlables phalanges ; il avait juré de pénétrer dans les carrés ; repoussé vingt fois avec perte, vingt fois il était revenu à l'attaque. Dans une dernière charge, enfonçant ses éperons dans les flancs de son cheval, Abdallah renverse deux hommes des deux premiers rangs ; il va faire une trouée ; les débris de son goum le suivent ; mais, plus prompts que l'éclair, les Français ouvrent un feu roulant, et les Arabes tombent foudroyés.

Abdallah s'est aperçu de la triste issue de sa tentative ; avant qu'on ait songé à s'emparer de sa personne, il a fait volte-face. Son agile coursier bondit dans l'espace, il va échapper aux Français. Attendez. Le sergent Julien a deviné l'Arabe. Se débarrasser de son fusil, s'élancer sur la croupe du cheval, au moment où l'animal prend sa course, est pour le montagnard l'affaire d'un instant.

Abdallah et Julien sont loin des carrés ; ils galopent dans la direction des Arabes, et impossible de porter secours à

---

(1) Goum, corps de cavalerie arabe commandé par un chef de tribu.

l'intrépide sergent : la discipline enchaîne les soldats à leur place. Ils attendent avec anxiété le résultat de cette téméraire entreprise.

Soudain le cheval s'est arrêté, Julien a pu saisir les rênes; alors l'Arabe enlace le montagnard dans ses bras robustes; le montagnard résiste courageusement; il parvient même à faire reprendre au cheval la route qu'il vient de parcourir ; mais Abdallah peut se servir de son cimeterre ; l'arme s'abat lourdement sur la tête du sergent; heureusement, ce dernier a paré le coup avec le bras; il n'est que blessé; renversé par la violence du choc, il n'abandonne pas les rênes; enfin, dans un suprême effort, il désarçonne le cavalier. Notre montagnard est maintenant sur son terrain, ce n'est plus qu'une question de vigueur, et l'Arabe, terrassé après une courte résistance, s'avoue vaincu.

De par le droit de la guerre, et en représaille de la barbarie des Bédouins, Julien aurait pu tuer son adversaire; il aima mieux lui laisser la vie sauve. Cette générosité devait dans la suite tourner au profit des Français.

Abdallah et le montagnard reviennent sur leurs pas ; ils ont bientôt rejoint les carrés. Le jeune vainqueur est reçu avec de bruyantes acclamations.

Cet épisode émouvant de la bataille d'Isly s'était accompli en quelques minutes.

Les compagnons d'armes de Julien voulaient faire un mauvais parti à Abdallah ; le valeureux sergent s'y opposa, alléguant qu'à lui seul appartenait, après ses chefs, de disposer de son prisonnier. Les officiers consultés répondirent qu'il serait fait selon le bon plaisir du vainqueur.

L'Arabe était trop fier pour s'humilier par des actions de grâces; il ne proféra pas un seul mot, il se laissa conduire à la garde du camp sans honorer le généreux montagnard d'un coup d'œil. Si le cheik ressentit quelques mouvements de reconnaissance, il les refoula au fond de son cœur, et nul n'en sut rien, tant son visage de bronze était impassible.

Cependant le découragement commençait à s'emparer des Arabes et de leurs auxiliaires; ils avaient vu des escadrons disparaître et tomber, pour ne plus se relever, sur les roches dont est semé le lit de la rivière; l'élite de leurs guerriers avait péri sous les baïonnettes françaises; leurs principaux chefs étaient morts, blessés ou au pouvoir de l'ennemi, et de ce nombre Abdallah, le cheik le plus renommé de la frontière; ils s'apercevaient, mais trop tard, de leur infériorité dans les choses de la guerre; car, après deux heures de combat, quarante mille cavaliers n'étaient pas parvenus à jeter le moindre désordre dans les rangs d'une poignée d'hommes qui auraient dû être écrasés par le nombre.

Se décidant à la retraite, Arabes et Marocains abandonnèrent la partie et se mirent à fuir dans toutes les directions. Presque tous ceux qui, dans leur fuite, passèrent devant les carrés, eurent à essuyer des décharges meurtrières et tracèrent leur route avec des cadavres.

Le champ de bataille fut abandonné avec tant de précipitation, que l'ennemi nous laissa quantité de morts et la majeure partie de ses tentes. Le somptueux pavillon du général marocain tomba aux mains des Français. Une foule de prisonniers, des armes de prix suffisantes pour remplir plusieurs arsenaux, des chevaux de race, des tentes qui auraient abrité cinq régiments, des provisions en abondance, ressource précieuse pour la colonne expéditionnaire dans l'impossibilité de se ravitailler sur le moment, tels furent les trophées de cette mémorable journée.

Les résultats de la victoire d'Isly furent très-importants, en ce sens que le Maroc, perdant de son prestige, cessa d'être pour les Arabes une terre de salut, d'où ils avaient attendu jusque-là leur délivrance. Les partisans d'Abd-el-

Kader, réduits désormais à leurs seules forces, ne comptant plus sur la protection armée d'un empire voisin, devaient continuer la guerre sainte avec plus de circonspection et lever à de plus longs intervalles l'étendard de la révolte. C'était une sorte d'armistice dont les Français devaient tirer parti pour poursuivre l'œuvre commencée, la conquête pacifique et civilisatrice de l'Algérie.

La victoire remportée par nos valeureuses troupes fut justement appréciée en France. Le maréchal Bugeaud fut créé duc d'Isly, l'étoile des braves fut le partage des officiers, des sous-officiers et des soldats qui s'étaient distingués par des actions d'éclat; car, si l'on eût récompensé le seul courage, la petite armée tout entière eût été portée pour la croix de la Légion d'honneur.

Encore en cette occasion Julien avait mérité d'être recommandé à la bienveillance du gouvernement; on laissa au montagnard le choix de la décoration ou d'une promotion; il s'arrêta à cette dernière faveur, disant sensément « que la croix viendrait toujours. » On le gratifia des galons de sergent-major.

Nous retrouvons, l'année suivante (1845), dans le Dahra, notre héros détaché de son régiment avec sa compagnie et mis à la disposition du colonel Pélissier, chargé de comprimer, de concert avec le colonel Saint-Arnaud, la violente insurrection excitée par le chérif Bou-Maza.

Faisons connaissance avec le Dahra, et disons quelques mots du chérif.

Le Dahra est cette contrée montagneuse de l'Afrique comprise, dans la province d'Oran, entre la rive droite du Chélif et la mer. Région abrupte et sauvage, le Dahra était, à l'époque où remonte ce récit, peu ou point cultivé. Les habitants du pays, les belliqueux Kabyles, n'avaient pas le loisir de s'adonner aux travaux agricoles; il est juste d'ajouter que, lors même qu'elles se fussent senti du goût pour la charrue, ces tribus guerrières auraient trouvé difficilement à satisfaire leur penchant pour l'agriculture, le sol étant presque partout aride et ingrat.

Une profusion de rochers sur lesquels le temps a jeté une teinte grisâtre, une herbe rare et jaunissante, des lentisques, des pins se soutenant à peine sur leurs racines, voilà ce que l'on rencontrait dans cette nouvelle Arabie Pétrée. Au pied des monts seulement l'œil se reposait agréablement sur de verdoyantes vallées semées de distance en distance, et couvertes de troupeaux de bœufs et de brebis, unique richesse des Kabyles.

Nous espérons que depuis treize ans les choses ont changé de face, et que nos Cincinnatus modernes ont trouvé les moyens de fertiliser cette terre par des travaux infatigables et sagement dirigés.

Le touriste qui s'aventure de nos jours dans le Dahra s'arrête étonné devant des grottes profondes creusées dans le roc et courant sous la montagne. A en croire certains chronologistes, ces grottes remonteraient au temps de la conquête romaine; d'où il serait possible qu'elles eussent servi d'asile aux compagnons d'infortune d'Annibal (1), après la bataille de Zama (2). Selon d'autres, ces grottes auraient été percées, dans les premiers siècles de l'Église, par les chrétiens fuyant les persécutions des proconsuls de Rome païenne. Il s'ensuivrait de là que, dans ces cavernes ténébreuses, le saint sacrifice aurait été célébré, alors que les confesseurs de

---

(1) Annibal, général carthaginois, fut vaincu à Zama, 202 ans avant Jésus-Christ, par Scipion l'Africain.

(2) Zama, aujourd'hui Zowarin ou Zaouharim, ville d'Afrique, à 150 kilomètres de l'ancienne Carthage.

la foi, traqués comme des bêtes fauves, étaient contraints de chercher dans les entrailles de la terre un refuge pour eux et pour leurs troupeaux. Nous nous rangeons à l'opinion des derniers chronologistes, leur version nous paraissant la plus concluante.

Un mot à présent de Bou-Maza.

Le chérif Bou-Maza était, en 1845, en grande vénération chez les Arabes; ce personnage était l'*alter ego*, le lieutenant bien-aimé de l'émir. Intelligent et ambitieux, Bou-Maza dominait les populations arabes, si impressionnables, par le prestige d'une vie sainte et ascétique, d'un courage antique, de la divination (les partisans du chérif lui attribuaient la faculté de lire dans l'avenir), d'abondantes libéralités faites aux tribus besoigneuses. D'habiles émissaires parcouraient le pays, donnant à entendre, par des demi-confidences, que le pieux chérif était fréquemment visité par le prophète. Le fanatisme avait fait le reste, et le lieutenant de l'émir était honoré comme un envoyé céleste, aux ordres duquel il fallait obéir.

Profitant de cette disposition des esprits, Bou-Maza se montra dès lors en public; partout où il se trouvait, grande était l'affluence. Et notre saint homme de prêcher la guerre sainte, avec cette éloquence furibonde qui caractérise les Orientaux. Les Français, traités sans façon de *chiens*, étaient représentés comme des fils de Shitan (Satan), indignes du nom d'hommes. Il fallait leur courir sus, comme à des bêtes féroces, les exterminer jusqu'au dernier, ne leur accorder aucune merci; car le prophète, toujours au dire du chérif, réservait la meilleure place dans son paradis à ceux de ses enfants qui se présenteraient dans le séjour céleste avec le plus grand nombre de têtes de chrétiens. De plus, poursuivait le lieutenant d'Abd-el-Kader, les fils bienheureux de Mahomet ne devaient pas se mettre en peine des baïonnettes françaises, puisque les portes du ciel étaient ouvertes à tout croyant qui avait le bonheur de mourir sur le champ de bataille pour la défense du croissant. Cette mort glorieuse le purifiait de toutes ses souillures.

Il est à croire que messieurs les Kabyles du Dahra n'étaient rien moins que de petits saints, puisqu'ils accueillirent avec des trépignements de joie frénétique les ouvertures et les séduisantes promesses de Bou-Maza, et s'enrôlèrent en masse sous sa bannière. Ils s'engagèrent par les serments les plus horribles à ne pas faire de quartier aux *chiens* de Français, et ils promirent de rapporter à leurs femmes et à leurs enfants des têtes par douzaines pour orner les tentes de leur smalah.

Le chérif fut satisfait au delà de ses espérances. Les Kabyles entrèrent sur le territoire de la province d'Oran, occupé par les Français, surprirent des postes isolés, à la faveur des ténèbres de la nuit, en égorgèrent la garnison, et, tombant à l'improviste sur des colons isolés, les massacrèrent, incendièrent les fermes, ruinèrent les moissons, et rapportèrent à leur chef leurs hideux trophées des têtes mutilées qui leur étaient payées en pièces d'or.

La campagne s'annonçait bien, les Kabyles y allaient de main de maître.

Encouragés par ces premiers succès, la bande d'égorgeurs poussa plus loin; elle osa même envoyer des coureurs jusqu'aux champs voisins d'Oran. Mais si l'agression avait été brusque et prompte, la répression fut aussi vive qu'efficace.

Une colonne mobile fut lancée à la poursuite des *fidèles* de Bou-Maza. Cette colonne, aux ordres des colonels Saint-Arnaud et Pélissier, comme nous l'avons déjà dit, balaya avec vigueur la plaine et refoula les Kabyles jusqu'aux montagnes du Dahra, après leur avoir tué beaucoup de monde.

Plusieurs actions s'engagèrent dans cette retraite précipitée des Kabyles, et toujours la victoire resta fidèle à notre drapeau.

Dans ces différentes rencontres, nos troupes furent admirables de bravoure, de constance et de sang-froid. Et proclamons-le bien haut à la louange de l'armée française, il fallait plus qu'un courage ordinaire pour demeurer inaccessibles à la peur en présence de ce flot d'ennemis qui, semblables aux vagues de la mer, ne se retiraient que pour se ruer quelques instants après plus menaçants, plus terribles, sur notre tête de colonne. C'était un combat renouvelé sans cesse. A peine les Français avaient-ils repoussé par une charge à la baïonnette les assaillants, que ces derniers, ayant emporté leurs morts, recommençaient l'attaque.

Cependant, à mesure que la colonne mobile approchait du Dahra, les rangs des Kabyles s'éclaircissaient sensiblement; ils avaient été décimés par nos décharges meurtrières; dans un dernier combat ils furent écrasés. Dès lors l'expédition fut considérée comme terminée, et le colonel Saint-Arnaud reprit le chemin d'Oran, pendant que le colonel Pélissier se mettait à la poursuite des restes des insurgés cherchant à gagner la montagne.

Les Kabyles purent atteindre les crêtes et se mettre en lieu de sûreté. Moins heureuse, la fraction des Ouled-Rhia n'eut que le temps de s'enfoncer dans les cavernes du Dahra, se croyant là à l'abri de toute insulte. Les Ouled-Rhia avaient compté sans la persistance du colonel Pélissier.

Le commandant des troupes françaises campa devant l'ouverture des grottes, établit un cordon de sentinelles, pour empêcher toute communication des insurgés avec le dehors, et attendit patiemment le résultat de ces mesures. Il comptait venir à bout des Ouled-Rhia par la famine. Mais les Arabes en général et les Ouled-Rhia en particulier sont tenaces.

Les vaincus réfugiés dans les grottes avaient juré de ne

pas se rendre, et deux jours s'étaient écoulés depuis leur entrée dans ces sombres retraites, sans qu'ils eussent manifesté l'intention de se livrer à la discrétion de l'ennemi.

Avant d'en venir à des moyens extrêmes, le colonel résolut de leur envoyer un parlementaire, pour traiter de leur reddition, avec promesse de leur accorder la vie sauve.

Cette mission délicate ne pouvait être confiée qu'à un homme conciliant et connaissant assez bien la langue arabe. Le sergent-major Julien réunissait ces qualités, il fut choisi. Il prit avec lui deux hommes de bonne volonté et s'enfonça hardiment dans un dédale ténébreux de sentiers étroits s'entrecroisant et serpentant sous les voûtes naturelles formées par les rochers.

Arrivés à une certaine distance de l'ouverture des grottes, Julien et ses compagnons se trouvèrent au milieu de l'obscurité la plus profonde; la lumière ne parvenait plus jusqu'à eux; ils continuèrent néanmoins à s'avancer, tantôt heurtant du pied contre des pierres qui les faisaient trébucher, tantôt donnant de la tête contre les parois des rochers, au risque de se briser vingt fois le crâne.

Bientôt le chemin qu'ils suivaient devint impraticable; alors les compagnons de Julien lui représentèrent qu'aller plus loin ce serait tenter la Providence, qu'il fallait avoir une connaissance particulière des lieux pour trouver sa route dans ce labyrinthe inextricable, et que ce qu'ils avaient de mieux à faire était de sortir au plus vite de ce tombeau. Rien ne put ébranler le montagnard.

Soudain un coup de feu réveille les échos de cette solitude, et le képi de Julien roule sur le sol. A la lueur de l'amorce, le sergent-major aperçoit un Arabe blotti dans une anfractuosité de rochers et se hâtant de recharger son arme. L'Ouled-Rhia n'en eut pas le temps; saisi par le montagnard, il fut arraché de sa cachette et contraint de marcher dans la direction de l'entrée des grottes ; il ne poussa pas un cri, une main vigoureuse lui fermait la bouche.

Chemin faisant, Julien expliqua l'objet de sa visite à l'Arabe silencieux.

Arrivé au camp et introduit avec l'Ouled-Rhia auprès du colonel Pélissier, le sergent-major raconta brièvement son excursion dans les grottes ; du malencontreux coup de fusil, il ne fut pas parlé ; cet oubli fut réparé par les deux soldats témoins de ce drame intime.

L'Ouled-Rhia cependant ne manifestait aucune crainte; sombre, taciturne, mais assuré, il demeurait impassible, et paraissait indifférent à ce qui se passait autour de lui, attendant le plus tranquillement du monde qu'il plût au colonel de décider de son sort.

Sur un ordre de cet officier, Julien entama avec le taciturne captif la conversation suivante :

— Tu (1) vas retourner vers les tiens.

— Si ton cheik le commande (l'Arabe désigne ainsi le colonel Pélissier).

— Je te transmets sa volonté.

— Je pars.

Et l'Ouled-Rhia fit un mouvement pour s'éloigner.

— Tu es impatient!

— Tu me dis : « Va-t'en. » Je m'en vais.

— Les gens des grottes sont-ils nombreux?

— Viens les compter.

— De l'arrogance!

L'Ouled-Rhia ne répondit pas.

---

(1) Les Arabes, étrangers aux raffinements de notre civilisation, disent *tu* au lieu de *vous* en s'adressant à une seule personne. Julien, qui connaissait cette particularité, devait donc parler le langage de l'Ouled-Rhia.

— Veux-tu sauver tes frères?
— Oui.
— Tu le peux.
— Que faut-il faire?
— Retourne vers eux; dis-leur qu'ils sont cernés de toutes parts, et que la fuite est impossible. Exhorte-les à se remettre entre nos mains. Assure-leur qu'il ne leur sera fait aucun mal; je te le jure au nom de Dieu, notre maître à tous.
— Jamais!
— Mais vous êtes perdus sans ressource, vous ne pouvez nous échapper.
— Allah est grand, et Mahomet est son prophète. Un Ouled-Rhia n'a jamais conseillé à ses frères une lâcheté; les Ouled-Rhia savent mourir; ils sont des hommes courageux, et non de faibles femmes.

Les instances de Julien furent vaines; il lui fut impossible de vaincre l'opiniâtreté du captif.

— Mais au moins veux-tu leur porter nos propositions?
— Oui, mais je les exhorterai à n'y pas souscrire.

L'Arabe fut reconduit aux grottes. On ne le revit plus.

Six heures s'écoulent, et des Ouled-Rhia pas de nouvelle.

Le colonel Pélissier croit l'honneur français compromis, si les débris de l'insurrection dont Bou-Maza a été l'instigateur bravent impunément nos armes. Les Ouled-Rhia abandonneront leur retraite.

Les sapeurs se mettent aussitôt à l'œuvre; des pins sont abattus, les branches sont entassées sur des broussailles et des feuilles sèches à l'entrée des grottes; le feu est allumé; une fumée épaisse, chassée par le vent, inonde les cavernes et s'insinue jusqu'au plus profond de ces vastes souterrains.

Les Ouled-Rhia sont impuissants devant ce nouvel agent de destruction. Ces hommes énergiques, qui avaient résisté aux tortures de la faim, ces vaincus résignés à périr dans les entrailles de la terre plutôt que d'accepter la captivité, sentent leurs cœurs saisis d'épouvante à l'idée d'une mort si terrible. L'air manque à leurs poumons appesantis, le sang se fige dans leurs artères; des fantômes de forme bizarre et terrible s'entrechoquent dans leur cerveau affaibli. Le désespoir leur donne des forces; ils veulent mourir, mais mourir en combattant. Ils se présenteront devant le prophète avec les ennemis qu'ils auront immolés à leur dernière heure.

Tout à coup un bruit formidable ébranle les voûtes des cavernes.

— Tiens, dit Goliath, qui était tout près de l'ouverture avec Julien, les camarades remuent dans leur four. Ils ne doivent pas se trouver là-dedans comme sur des roses. Les mécréants, ils sont enfumés comme des renards; ils ne doivent pas tarder à faire leur soumission.

— Déplorons les nécessités de la guerre, Goliath, répondit le montagnard. Pour ce qui est de la reddition des Ouled-Rhia, n'y comptez pas; ils se feront tuer, mais ils ne se rendront pas.

Et comme pour justifier les paroles du sergent-major, quelques-uns de ces malheureux apparaissent le visage horriblement noirci par la fumée, et brandissant avec fureur leurs fusils. Ils font une décharge à bout portant; deux Français roulent dans la poussière; les Ouled-Rhia tombent presque en même temps.

Le colonel Pélissier n'a rien à attendre de ces forcenés. Il songe à ménager la vie de ses hommes, et les fait poster à vingt mètres de l'ouverture des grottes. De cette façon, les Ouled-Rhia seront prévenus.

La sanglante tragédie poursuit son cours. Bien des Français sont victimes de cette lutte suprême. La nuit éclaire cette scène de carnage. La terre est jonchée de cadavres amoncelés devant l'orifice béant des cavernes; le dernier Ouled-Rhia expire en murmurant un blasphème.

La victoire demeure aux Français, mais le sol inhospitalier du Dahra est arrosé de leur sang. Au nombre des morts se trouvent des officiers pleins d'avenir, de jeunes soldats chauds encore du dernier baiser de leur mère. La colonne mobile compte aussi beaucoup de blessés, entre autres le sergent-major Julien, toujours le premier aux postes périlleux.

En terminant la relation de cette fatale affaire, nous éprouvons le besoin d'expliquer la conduite du colonel Pélissier, et de venger ce brave officier des injustes attaques dont il fut l'objet en France de la part d'hommes partiaux et ignorants.

Nous serons court. Ce n'est pas un plaidoyer que nous prononçons, des voix éloquentes ont rempli naguère cet office à la tribune; nous faisons simplement acte de bon citoyen en défendant un soldat de cette héroïque armée, lequel a fait respecter sur la terre étrangère le drapeau tricolore. Nous aurons avec nous, nous en avons l'intime conviction, tous les Français jaloux de rendre un hommage mérité à l'une de nos gloires militaires les plus pures. Nos voisins d'outre-Manche, c'est triste à avouer, ont plus que nous l'esprit national. La fibre anglaise tressaillirait douloureusement, si un Anglais cherchait à blesser dans son honneur l'armée de terre ou la marine de la Grande-Bretagne.

Cela dit, revenons à la catastrophe des grottes du Dahra.

Nous venons de voir que les Ouled-Rhia avaient fourni leur contingent à l'insurrection fomentée par Bou-Maza. Cette levée de boucliers avait mis en péril les intérêts français dans la province d'Oran; les indigènes le savaient parfaitement. Cet échec moral, nos troupes devaient le réparer; il était urgent de relever le prestige de la France aux yeux des Arabes. Ce résultat avait été partiellement atteint par les colonels Saint-

Arnaud et Pélissier, et les Kabyles battus, décimés, avaient essuyé une déroute complète. Les Ouled-Rhia, réfugiés dans des cavernes impénétrables, bravaient impunément notre puissance; le colonel Pélissier pouvait-il laisser inachevée l'œuvre de la répression si laborieusement exécutée? Que cette petite fraction nous eût échappé, et nos succès dans cette campagne demeuraient sans effet. La jactance arabe aurait exploité adroitement ce mince avantage, et les adhérents de Bou-Maza et d'Abd-el-Kader n'auraient pas manqué de publier dans les tribus que les Français n'avaient pu venir à bout d'une centaine de cavaliers réduits au rôle de fantassins. Les Arabes, en fait d'histoires, ne sont pas en reste avec l'Européen. Les insurgés vaincus ne s'en seraient pas tenus là, et bientôt la plaine et la montagne auraient été informées que les Kabyles du Dahra, pour harceler la colonne mobile, s'étaient retirés à dessein devant elle, en feignant de fuir, et avaient tué beaucoup de Français. La défaite des Kabyles, racontée par eux-mêmes avec cette variante, se fût transformée en une véritable victoire.

Le colonel Pélissier, auquel pas une des ruses de nos ennemis n'était inconnue, avait prévu tout cela. Aussi attachait-il la plus grande importance à la reddition des Ouled-Rhia. Il ne voulait que les faire prisonniers. Mais les Ouled-Rhia, en assaillant, au sortir de leur retraite, les Français à coups de fusil, contraignirent ces derniers à repousser la force par la force. Par conséquent, si un sang inutile fut répandu en cette circonstance malheureuse, les Arabes doivent s'en prendre à l'entêtement seul de la fraction insurgée et aux prédications furibondes de Bou-Maza.

XI.

LE SOUS-LIEUTENANT JULIEN CHEZ LES OULED-NAÏLS. — MŒURS ARABES.

L'année suivante, en 1846, nous retrouvons Julien campé tout près du territoire des Ouled-Naïls, une des tribus les plus belliqueuses des frontières du Maroc. Mais Julien n'est plus sergent-major; le rêve qu'il avait fait à Cauterets, lorsqu'il s'était généreusement décidé à prendre le mousquet à la place du pâtre Joseph, est en partie réalisé. Le conscrit du *Vulcain*, le sauveur du colonel N***, le vainqueur d'Abdallah, est parvenu, grâce à son excellente conduite et aux services matériels et moraux rendus à la France et à l'armée, au grade de sous-lieutenant; il est officier.

M. N***, devenu général, est le premier à s'applaudir de cet avancement auquel il a grandement contribué. C'est que l'ancien colonel n'a pas perdu de vue celui qui fut deux fois son libérateur; c'est que le montagnard s'est toujours montré digne de l'amitié et de l'estime de son protecteur. Les amis ont une éloquence entraînante, quand ils plaident en faveur du vrai mérite.

La nouvelle position du montagnard lui permet de visiter plus fréquemment le général N***; ce commerce plus intime resserre les liens qui unissent ces deux cœurs si bien faits pour se comprendre. Le protecteur reconnaissant du montagnard saisit toutes les occasions qui se présentent de produire son protégé. Y a-t-il une mission délicate à remplir, une négociation avec les Arabes à mener à bonne fin, le nom du sous-lieutenant Julien est aussitôt mis en avant dans le conseil.

Au moment où nous reprenons le cours de ce récit, le corps de troupes françaises a pris position sur le territoire voisin de la tribu des Ouled-Naïls. Cette tribu, unie aux Issers et aux peuplades de l'Ouaransenis, n'a pas craint d'accueillir l'émir Abd-el-Kader au commencement de l'année 1846.

Les Ouled-Naïls ont été châtiés, ainsi que leurs alliés, et Abd-el-Kader, rejeté dans le Maroc et réduit à l'extrémité, a pris le barbare parti de massacrer les prisonniers français.

A la nouvelle de ce massacre, les Ouled-Naïls ont cru le moment favorable et ont fait des démonstrations hostiles. De là l'envoi d'un corps expéditionnaire dans leur voisinage; toutefois cette tribu ne s'est encore livrée à aucun acte d'agression. Elle remue, s'agite, travaillée par des émissaires d'Abd-el-Kader, et paraît attendre le signal de lever encore une fois l'étendard de la révolte.

La politique de nos généraux est désormais de prévenir, au lieu de combattre. Les Arabes nous apprécient; ils ont éprouvé la force de nos armes. L'heure est venue d'éviter les batailles et l'effusion du sang. Nous sommes entrés dans la voie des négociations, œuvre hérissée de difficultés avec les

Arabes à la foi punique (1). La diplomatie a détrôné temporairement le glaive.

Il s'agit donc de faire rentrer par la persuasion les Ouled-Naïls dans le devoir. Pour atteindre ce but, on a besoin d'un négociateur adroit, conciliant et ferme. Quel ambassadeur dépêchera-t-on vers la tribu? Plusieurs propositions sont émises dans une réunion d'officiers supérieurs présidée par le général N***. Aucune n'est acceptée. On va se séparer sans avoir rien décidé, lorsque le général se rappelle à propos qu'une fraction des Ouled-Naïls a pour cheik cet Abdallah auquel Julien accorda généreusement la vie sur les bords de l'Isly. Cet Arabe, à défaut d'amitié, aura conservé un bon souvenir de ce service. Si quelqu'un peut amener les champions de l'émir à écouter la voix de la prudence et de la raison, à bon droit ce doit être le sous-lieutenant Julien.

Le général N*** le mande à la réunion et lui expose ce que le conseil attend de lui. Le jeune officier répond avec empressement qu'il est aux ordres de ses chefs, et qu'il est prêt à faire tout ce dont on voudra bien le charger.

Muni d'instructions précises et détaillées, Julien par avec Goliath et le tambour, dont le dévouement lui est assuré.

On avait voulu donner au montagnard une forte escorte; mais il l'avait refusée, alléguant avec raison que se présenter en forces aux Ouled-Naïls, ce serait leur donner de l'ombrage et compromettre ainsi le succès de la négociation.

Voilà donc nos trois personnages se dirigeant vers la smalah. Suivons-les. Aussi bien la route ne nous paraîtra-t-elle pas longue. Un myriamètre à peine à parcourir, et le facétieux

---

(1) Punique, dérivé de *Pœni, punicus,* Carthaginois. La mauvaise foi des Carthaginois, devenue proverbiale, était appelée par ironie foi punique.

Goliath pour compagnon ! Qu'ont de mieux à faire trois piétons voyageant de conserve, sinon de deviser gaîment? Aussi écoutons comme le lieutenant, Goliath et le tambour charment les ennuis de leur pérégrination à travers un pays rien moins qu'enchanteur.

— Avant d'arriver à la smalah, dit Julien, souffrez, Goliath, que je vous donne un conseil. Vous n'oublierez pas que nous allons nous trouver en rapport avec des hommes graves, parlant peu et à propos. Tâchez d'enchaîner votre langue; n'allez pas donner de nous une mauvaise opinion. Vous réglerez votre conduite sur la mienne. Vous ne seriez pas flatté d'être pris pour un enfant ou pour une femme ; et je vous en préviens, les Arabes classent parmi les femmes et les enfants les hommes trop prodigues de paroles.

— Suffit, lieutenant, répondit Goliath ; on s'observera avec soin ; on ordonnera à l'appendice charnu qui meuble la bouche de ne se mouvoir qu'en temps utile. Le fils de mon père se mettra à la hauteur de la circonstance.

— Je prends acte de cette promesse, repartit Julien.

— Oui, reprit le tambour; mais Goliath tiendra s'il peut. Vous vous êtes aperçu souvent, lieutenant, comme il est facile de lui fermer la bouche.

— Tu me portes une botte, tambour, répliqua vivement Goliath ; nous avions pourtant fait trêve. Si la guerre commence entre nous, tant pis si tu es blessé.

— Est-il sensible le géant ! dit le tambour. Pas possible, en vérité, de lui glisser le plus petit compliment.

— Avec ça qu'ils sont jolis, tes compliments, riposta Goliath. Tu me reproches crûment de manquer à ma parole.

— Les parties belligérantes voudront bien remarquer que la bonne harmonie nous est d'une nécessité absolue, répondit Julien ; nous sommes en pays ennemi. Comment pourrons-nous

nous défendre, divisés ? Pour ma part, je ne puis rien distraire de mes forces.

— Soigné! soigné! parole d'honneur, lieutenant! s'écria Goliath. Elles sont superbes vos forces! Un tambour hors de l'exercice de ses fonctions, veuf de sa *peau d'âne*, et un humble bizet endommagé par le bivac et par les dragées de plomb! C'est égal, le tambour et moi devons être tout de même fiers ; à nous deux nous représentons la moitié d'une compagnie.

— Vous devez être fiers, en effet, dit Julien avec dignité, d'avoir été jugés dignes d'escorter un parlementaire ; tous vos camarades ont ambitionné cet honneur.

— Ils sont bien bons, lieutenant, répondit Goliath. Ils s'imaginent alors que nous allons à une partie de plaisir ou à une fête. Sauf le respect que je vous dois, si ce n'eût été par amitié pour vous, je n'aurais pas été un obstacle à l'ambition de mes camarades ; je leur aurais volontiers cédé ma place.

— Pourquoi donc? demanda le tambour.

— La drôle de question! reprit Goliath. Est-il novice, le tambour! Ah çà, t'es-tu mis dans l'esprit que nous allons chez les Ouled-Naïls comme à une parade? Tu devrais pourtant être fixé à l'endroit des dispositions des Bédouins pour les Français. Je te soupçonne porté sur ta bouche, tambour, et, dans ta simplicité naïve, tu t'attends sans doute à être magnifiquement traité à notre arrivée. Compte là-dessus. Les Peaux-d'olive tueront le veau gras, afin de faire leur cour à leurs mortels ennemis!

— On a bien raison de dire : « Chassez le naturel, il revient au galop, » repartit le tambour. Je ne puis pas prononcer un seul mot, sans m'attirer un déluge de railleries de la part de ce colosse. Ai-je donné à entendre, Goliath, que j'espère une réception amicale à la smalah? Le caractère irascible des Bédouins n'est pas pour moi chose nouvelle. Seulement il m'est bien permis de penser que les Arabes, quelque barbares qu'ils soient, respecteront un parlementaire.

— Parfaitement pensé, tambour, dit le montagnard. Les Ouled-Naïls ne sont pas assez peu soucieux de leurs propres intérêts pour violer le droit des gens dans ce qu'il a de plus sacré. Ils ont envoyé bien des fois à nos quartiers des parlementaires. Ils veulent que leurs parlementaires soient respectés ; ils respecteront donc ceux de l'armée française.

— Fiez-vous-y, lieutenant, s'écria Goliath. A votre aise. Ne vous gênez pas. Mettez dans les *Peaux-d'olive* toute votre confiance. Goliath, lui, fait toutes réserves à cet égard. Il aura l'œil et l'oreille aux aguets, pour vendre sa vie le plus chèrement possible. D'ailleurs, en quittant le campement, j'ai fait le sacrifice de mon existence à la patrie ; mourir là ou ailleurs, peu m'importe, pourvu que ce soit pour la gloire de la France.

— Vous devenez lugubre, valeureux Goliath, répondit l'officier à cette boutade mélancolique du géant. Vos sinistres pressentiments me troubleraient presque…. Mais n'ayez aucune crainte, tout se passera bien. Nous courrons seulement le risque de mettre nos dents aux crochets ; on dit la cuisine arabe détestable.

Tout en discourant ainsi, nos voyageurs avaient fait, sans s'en apercevoir, les trois quarts de la route : ils arrivaient en ce moment à une futaie ; or, d'après les indications fournies par le général, cette futaie devait se trouver à deux kilomètres environ en deçà du village des Ouled-Naïls.

Il était prudent de se tenir sur ses gardes. Les Ouled-Naïls, dans les dispositions hostiles où ils se trouvaient, n'avaient pas été assez malhabiles pour négliger de poster sous bois des vedettes.

Les trois Français firent halte et explorèrent attentivement les environs. Ils ne découvrirent rien. Nul être vivant. La contrée semblait inhabitée.

— Est-ce la lisière du Sahara ? hasarda Goliath.

— Chut! répondit Julien. Le silence absolu qui règne dans ces lieux ne me dénote rien de bon. L'Arabe n'est jamais si à redouter que lorsqu'il ne se montre pas. J'aime à le regarder en face. Finissons là notre causerie, et marchons prudemment, mais sans hésitation, les yeux fixés sur la futaie.

Julien, Goliath et le tambour s'avancèrent résolûment vers la forêt; ils atteignirent bientôt les premiers massifs, et s'engagèrent dans un étroit sentier éclairé par un jour douteux, qui arrivait affaibli à travers un dôme épais de feuillage. Ils n'eurent pas fait vingt pas, qu'ils distinguèrent des burnous blancs.

— Pas un mot, murmura rapidement Julien ; et quoi qu'il arrive, pas de résistance. Laissons-nous docilement prendre et conduire au chef de la tribu. Nous sommes venus ici précisément pour entrer en communication avec les Ouled-Naïls.

Le montagnard finissait à peine ces paroles, qu'il était, ainsi que Goliath et le tambour, environné d'une vingtaine de cavaliers à l'air menaçant. Les nouveaux venus gesticulaient bruyamment, brandissaient leurs fusils, et se montraient les Français.

— Les gaillards délibèrent s'ils nous dépêcheront vers l'autre monde, dit Goliath.

Le jeune officier lança un regard courroucé au soldat. Goliath porta la main droite à son shako et se tint immobile.

La délibération, pour parler le langage du géant, dura peu. Un Arabe qui paraissait commander aux cavaliers leur fit un signe. En un clin d'œil les trois Français furent saisis, liés, garrottés. Quatre des Arabes se détachèrent de la troupe, poussèrent les Français devant eux, et prirent le chemin de la smalah.

En moins de dix minutes on arriva à la sortie de la forêt. De ce point, on découvrait les tentes du village dressées à mi-côte d'une colline cultivée et ensemencée de maïs.

Les captifs et leurs gardiens pénétrèrent peu après dans la bourgade. Sur leur passage, les femmes et les enfants, attirés hors des tentes par le bruit des pas des chevaux, couvrirent de huées le parlementaire et ses compagnons.

— Quel charivari! exclama Goliath. Ils s'endommageront le gosier, à coup sûr! Que dit donc ce blanc-bec, long et mince comme une perche? Il se démène comme un possédé. Assurément il n'appelle pas sur nous les bénédictions du ciel! Expliquez-nous donc ça, lieutenant, vous qui avez le bonheur de posséder la clef de ce jargon maudit.

— Eh! mon Dieu, répondit Julien, ils nous saluent de leurs imprécations habituelles, *chiens, fils de shitans*; ils nous dévouent à mille morts.

— C'est galant et rassurant, repartit Goliath.

Au même instant les cavaliers s'arrêtèrent devant une tente de tout point semblable aux autres : même forme, même aspect, même dimension; ils mirent pied à terre, donnèrent leurs chevaux à tenir à des serviteurs, et pénétrèrent dans la tente avec les captifs.

Français et cavaliers furent introduits dans une vaste pièce où se trouvaient accroupis en cercle sur des nattes quinze Arabes dans une immobilité complète. Au milieu du cercle fumaient un plat gigantesque de *couscoussou* et un mouton entier rôti.

— Il y a ripaille, murmura bien bas l'incorrigible Goliath. Une invitation serait en ce moment par moi acceptée avec reconnaissance.

Le montagnard regarda le géant d'un air sévère.

L'arrivée des Français ne parut pas avoir produit sur l'esprit des Arabes une grande sensation; car le cheik Abdallah, qui présidait le festin, ne daigna pas accorder aux captifs la plus légère attention ; au contraire, il donna le signal du repas, en remplissant de couscoussou, ce mets de prédilection des indigènes, une écuelle de bois d'une capacité à effrayer le plus intrépide mangeur de l'armée d'Afrique. Les convives imitèrent cet exemple, et le plat gigantesque fut vidé en rien de temps.

On a vanté souvent la sobriété arabe. On a répété sur tous les tons que les Bédouins, semblables en cela à leurs chameaux, vivent de peu, de très-peu. De l'eau claire, une galette de maïs ou de mil leur suffisent, affirment gravement de véridiques et consciencieux voyageurs. C'est possible. Mais la frugalité de ces messieurs est essentiellement relative et subordonnée aux circonstances, la pierre de touche des plus solides vertus. Lorsqu'ils sont en campagne, que la disette se fait sentir, qu'il ne leur est pas loisible d'approvisionner leur table (nous disons table par métaphore, ce meuble, vu son origine européenne, étant en horreur chez les Bédouins), ils se nourrissent à la façon de Diogène le cynique, de Fabius et de Cincinnatus (1), d'un morceau de galette sorti du four depuis un mois, de quelques fèves sèches, d'avoine qu'ils partagent avec leurs coursiers, ou bien de racines torréfiées ou crues, s'ils ont le bonheur d'en découvrir. Pour la boisson, ils sont accommodants et faciles à contenter ; l'eau d'un ruisseau, d'une citerne, voire des grands chemins, en fait tous les frais. La prescription de Mahomet rend, sous ce rapport, un véritable service à ces peuplades nomades. En Afrique, il n'y a point d'auberges, encore moins d'hôtels ; le voyageur est forcé d'emporter avec lui ses provisions de bouche ; ce ne serait pas petit embarras, si, outre

---

(1) Diogène le cynique, philosophe grec, Fabius et Cincinnatus, généraux romains, étaient d'une sobriété proverbiale. Le premier de ces personnages, à l'instar des chiens, dont il avait emprunté le nom (cynique est dérivé du mot grec *kuôn*, qui signifie chien), cherchait souvent sa nourriture dans les immondices et dans les bourbiers d'Athènes

les comestibles, ils devaient se charger de vin. De par Mahomet les Arabes sont condamnés à s'abstenir de vin, d'eau-de-vie, et généralement de toutes liqueurs fermentées. Cette abstinence est-elle rigoureusement observée par tous les disciples du prophète? Par les fervents, par les véritables croyants, oui. Mais parmi les musulmans il y a beaucoup d'incrédules à l'endroit de cette prohibition religieuse ; et nos soldats d'Afrique affirment avoir vu plus d'un Kabyle, plus d'un cheik, plus d'un marabout même (scandale des scandales!) donnant de vigoureuses accolades à une bouteille de vin de France, à un flacon de la liqueur pittoresquement dénommée *eau-de-feu* par les sauvages habitants du Congo.

Donc, les Arabes pratiquent la frugalité dans toute sa rigueur, lorsqu'ils y sonts contraints ; ils pratiquent même cette vertu avec stoïcisme, sans murmurer, nous devons le reconnaître, prenant pour règle de conduite que *nécessité fait loi*. Mais survienne l'abondance, adieu la sobriété. Les *Peaux-d'olive*, pour nous servir de l'expression de Goliath, se dépouillent de leur vertu d'emprunt, de la vertu de circonstance, et s'abandonnent sans retenue aucune à la gloutonnerie la plus révoltante.

Pour nous convaincre de cette vérité, examinons Abdallah et ses amis.

Le cheik traite les grands de la tribu, c'est-à-dire les personnages les plus distingués parmi les Ouled-Naïls. Il est superflu de faire remarquer que ces messieurs professent un souverain mépris pour la cuiller et la fourchette : c'est par trop recherché, par trop européen, par trop délicat. Notre premier père, Adam, n'y mettait pas tant de façon, lui ; ses doigts suffisaient à cette besogne. Les grands de la tribu des Ouled-Naïls en particulier, et les peuplades arabes, Kabyles, Berbères et autres en général, se piquent apparemment de faire revivre dans leur intégrité les us et coutumes des plus anciens patriarches ; aussi plongent-ils simplement leurs doigts dans leur écuelle de bois, pour en retirer des morceaux de mouton perdus dans un océan de bouillie. Le cheik Abdallah ne procède pas d'une autre manière. Un silence profond règne dans la pièce; on n'entend que le bruit produit par les dents broyant avec effort de monstrueuses tranches de viande. Avec des mangeurs aussi actifs, le repas ne doit pas traîner en longueur.

Le couscoussou et le mouton passèrent avec une célérité prodigieuse des plats dans les estomacs des Ouled-Naïls. Alors, jouissant avec plénitude de ce bien-être que procure une digestion facile, ils se mirent à passer amoureusement dans leurs barbes longues et incultes leurs doigts encore imprégnés de bouillie et du suc de la viande si prestement absorbée (les Arabes proscrivent d'une manière absolue le linge de table, la serviette par exemple, comme objets de luxe, partant superflus), pendant que des serviteurs empressés préparaient le café et les pipes, couronnement obligé de tout banquet dans les douars.

Le moka et les pipes, aux tuyaux contournés en spirales, furent placés devant chaque convive; et un nuage de fumée emplit bientôt la salle du festin.

— Les gredins, articula sourdement Goliath, se moquent-ils de nous! S'ils nous appellent chiens, ils nous traitent en conséquence; encore à ces innocents quadrupèdes ils abandonnent les restes de leurs repas. Pour nous, c'est autre chose : les chrétiens, aux yeux des Peaux-d'olive, sont au-dessous des êtres de la race canine ; on ne nous donne rien ; c'est-à-dire, on nous régale à peu de frais, du parfum du rôti et de la fumée des pipes!

— Un peu de patience, se contenta de répondre l'officier; on finira bien par s'apercevoir de notre présence.

Goliath et le tambour faisaient piteuse mine.

Cependant nos Ouled-Naïls fumaient lentement leurs chibouques, en ingurgitant plus lentement encore le moka au parfum enivrant.

Il est bon de constater que si les Arabes sont à l'occasion gourmands, ils sont aussi gourmets. Ce n'est pas un paradoxe; ces deux inclinations, quoique ordinairement elles s'excluent l'une l'autre, se rencontrent au même degré chez les indigènes. En Europe, nous prenons le café comme nous avalons un verre d'eau, tout d'un trait; mieux avisés sans doute, les Bédouins y vont par petites gorgées; ils font durer le plaisir, comme on dit vulgairement. Ils donnent, par ce moyen, satisfaction à trois sens à la fois, au goût, à l'odorat, à la vue. Quels rigides disciples d'Epicure! Les papilles nerveuses dont est tapissée la bouche sont agréablement sollicitées, pendant que l'arome pénétrant qui s'échappe de la coupe enchantée dilate doucement les narines, et que l'œil contemple avec complaisance le collier de perles blanches miroitant, écume diaphane, à la surface de la liqueur, d'un beau brun d'ébène.

Cependant le moka est allé rejoindre le couscoussou et le mouton; les pipes sont éteintes; l'amphitryon et ses hôtes sont repus. Alors Abdallah daigne accorder un regard aux cavaliers et aux captifs.

— Où vous êtes-vous emparés de ces Français? demande le cheik à l'un des cavaliers.

— Dans la forêt, tout près du douar, répond l'Ouled-Naïl auquel était adressée cette question.

— Qu'est-ce qui les a conduits sur notre territoire?

— Un ordre de mes chefs, répond Julien en arabe.

— Notre langue ne t'est pas étrangère? reprend le cheik en dirigeant sur l'officier un regard scrutateur.

— Tu peux en juger, réplique le montagnard.

— Et dans quel but le cheik des Français t'envoie-t-il vers les Ouled-Naïls?

— Pour vous exhorter, dans vos intérêts, toi et ceux de ta tribu, à remettre les fusils dans leurs fourreaux.

— Tu es bien hardi de t'être chargé d'une mission si périlleuse, et de parler aussi audacieusement au cheik des Ouled-Naïls ! Tu ne me connais pas assurément. Sais-tu bien que d'un signe je puis vous envoyer à la mort, toi et tes compagnons ?

— Vieux rhinocéros ! grommela le géant.

— Que dit le *giaour* qui est auprès de toi ? demanda Abdallah au montagnard

— Il dit que de tes lèvres découle la sagesse.

— C'est vrai, répliqua le cheik, visiblement flatté.

Et Julien, s'adressant à Goliath, lui dit rapidement en français, de manière à n'être entendu que du géant :

— Si vous tenez à votre tête, soyez muet comme la tombe.

— Tu es en mon pouvoir, continua le cheik.

— Si je suis en ton pouvoir, je l'ai bien voulu. Je suis venu sur ton territoire dans le dessein de t'être présenté. Tu vois que j'ai réussi dans mon entreprise. D'ailleurs, le représentant de la France est aussi en sûreté sous la tente des Ouled-Naïls que derrière les remparts d'Oran, d'Alger ou de Constantine. Les Arabes savent que le sultan des Français ne laisserait pas ma mort sans vengeance. Et si un seul cheveu de ma tête tombait, ta tribu aurait cessé d'exister.

— Insolent ! s'écria le cheik.

— Ça se gâte, se dit à lui-même Goliath ; l'armée française se passera désormais de nous ; le cheik a l'air de vouloir signer notre feuille de route pour l'autre monde.

Il y eut un moment de silence effrayant ; les yeux d'Abdallah lançaient des éclairs, pendant que Julien le regardait sans forfanterie, d'un air tranquille et rassuré. Par un élan spontané les convives avaient saisi le manche de leurs poignards. Un regard du cheik apaisa la tempête près d'éclater. Tel, aurait dit un classique, le dieu des mers (Neptune), armé de son trident, force les flots irrités à suspendre leur courroux.

Abdallah fit éloigner les prisonniers et leurs gardiens.

— Je veux, dit-il, s'adressant aux grands de la tribu restés seuls avec lui, je veux, avant de châtier l'insolence de ce Français, m'entretenir avec lui pour en tirer des renseignements utiles. Passez dans une autre pièce, votre présence l'empêcherait de s'ouvrir à moi ; il se ferait muet pour ne pas paraître céder à la peur.

Les convives abandonnèrent la salle du festin, et le montagnard fut ramené.

Sur un geste du cheik, les guerriers qui venaient de conduire le captif se retirèrent.

— L'entretien que tu sembles désirer avoir avec moi sera-t-il long ?

— Cela dépendra de toi.

— En ce cas, assieds-toi ; tu as marché, tu dois être fatigué.

Julien, usant de la permission, s'accroupit sur une natte, en face du cheik, dont il ne perdait pas de vue un seul mouvement.

— Qu'as-tu à me proposer ? Parle. Surtout sois bref et arrive droit au but. Ne fais pas comme la plupart des tiens qui dépensent beaucoup de paroles pour ne rien dire.

— Ta soumission et celle de ta tribu.

— C'est-à-dire l'abandon de l'émir.

— L'abandon de l'émir ? Mais il me semble que c'est lui qui vous a délaissés, puisqu'il est allé chercher un refuge dans le Maroc, vous exposant ainsi à la vengeance des Français, dont les prisonniers ont été froidement égorgés.

— Ignores-tu qu'il est dangereux de railler sous sa tente le cheik des Ouled-Naïls ?

— Le cheik des Ouled-Naïls a-t-il perdu la mémoire ? La

renommée n'a-t-elle pas publié dans la tribu que la puissance de l'émir est abattue ? Le héros de la guerre sainte n'a plus qu'à implorer la clémence des Français.

— Si ce que tu dis était véritable, si Abd-el-Kader, réduit au rôle de fugitif, rentrait pour toujours sous sa tente, quels avantages y aurait-il pour les Ouled-Naïls à traiter avec les tiens ?

— Quels avantages ? Mais d'immenses. D'abord satisfait d'une soumission volontaire, le sultan des Français n'imposerait aux Ouled-Naïls qu'un faible aman. Ensuite le cheik Abdallah, pour la part qu'il aurait prise à la pacification de sa tribu, recevrait une récompense digne du service rendu à l'humanité en arrêtant l'effusion du sang. Mon gouvernement apprécie l'intelligence, le courage et la valeur du cheik Abdallah.

— As-tu l'intention de te moquer de moi à ma barbe, et de me rappeler ma défaite sur les rives de l'Isly ? dit l'Arabe d'une voix sombre.

— Dieu me préserve de me réjouir du malheur d'un guerrier aussi valeureux que toi ! Je n'ai pas l'habitude de me faire un mérite des caprices de la fortune ; et lorsque la victoire se déclare en ma faveur, je l'accepte sans orgueil, sans humilier le vaincu, persuadé que je suis que tel triomphe aujourd'hui, qui demain courbera à son tour la tête.

Un sourire de satisfaction effleura les lèvres du cheik, cependant l'astucieux Arabe s'efforçait de n'en laisser rien paraître.

— Les avantages attachés à la soumission des Ouled-Naïls ne sont pas des motifs suffisants pour me déterminer à exhorter ceux de ma tribu à remettre les fusils dans leurs fourreaux. Notre devoir à nous est de lutter, tant que la lutte est possible. Prouve-moi que nous ne pouvons plus résister aux Français.

— Je vois où tu en veux venir, se dit Julien à lui-même. Tu

capitules avec ta conscience; ma mission est heureusement accomplie. Tu es avide comme tes pareils; tu as de l'orgueil, de l'ambition. Tu sens ton impuissance, mais tu ne veux pas l'avouer. Tu brûles de relever ton pouvoir à l'abri du drapeau français, mais il faut sauver les apparences. Avant de tromper tes frères, tu as besoin de te tromper toi-même. Tu demandes à être éclairé; tu le seras. Si je ne mettais pas à nu ta faiblesse, tu rejetterais mes offres; car tu as encore plus d'orgueil que d'ambition.

Abdallah attendait avec inquiétude le résultat des réflexions de son prisonnier. Le rusé Bédouin trahissait son impatience par des mouvements brusques et saccadés. Son visage, d'ordinaire impassible, reflétait les émotions de son âme; ses petits yeux gris roulaient dans leurs orbites avec une effrayante mobilité.

Lorsque Julien eut joui assez longtemps de l'embarras du cheik, il continua l'entretien un moment interrompu:

— Si je t'ai bien compris, tu es décidé à faire ta soumission, si je te démontre l'impossibilité où tu te trouves de continuer la guerre. En ce cas, nous n'avons plus qu'à arrêter les bases de cette soumission....

— Soumission!

— Du traité, si tu le préfères, à intervenir entre les Ouled-Naïls et mon gouvernement; car en deux mots je vais t'amener à confesser que ma démarche te délivre d'un cruel souci.

— Comment cela?

— Ne m'interromps pas. Le temps est précieux, et nous n'en avons pas à perdre. Les Français vous ont vaincus, alors que vous aviez à votre tête deux chefs renommés, Abd-el-Kader et Bou-Maza, les deux hommes qui seuls pouvaient résister à nos armes, si la résistance eût été possible. Aujourd'hui Bou-Maza a disparu du théâtre de la guerre; le prestige qui s'attachait à son nom s'est évanoui. Abd-el-Kader n'a pas été mieux traité par le sort ; ce n'est plus le héros qui commandait naguère à des armées, ce n'est plus le chef redoutable d'une tribu, ce n'est plus même un obscur partisan guerroyant en compagnie de quelques maraudeurs ; c'est un proscrit abandonné de ses amis, car l'amitié est rarement fidèle au malheur, renié de ses lieutenants qui, pour faire leur cour aux vainqueurs, blâment avec la dernière sévérité l'imprévoyance, la présomption et la cruauté de l'émir déchu. Abd-el-Kader n'a plus de patrie. En ce moment il mendie l'hospitalité de l'empereur du Maroc, très-embarrassé assurément de son hôte incommode. Et que l'émir ne compte pas sur une intervention armée de ce souverain. Le Maroc a appris à ses dépens qu'il ne faisait pas bon jouer à l'étourdie au jeu dangereux de la guerre. Avec Bou-Maza et Abd-el-Kader dans toute leur puissance, les tribus arabes et kabyles ont vu le drapeau français flotter dans les villes les plus importantes de l'Algérie, sur les crêtes de l'Atlas et du Djurjura, dans les vallées du Dahra, sur le territoire marocain. Les Ouled-Naïls, privés de l'appui de ces deux guerriers, et sûrs de la neutralité du Maroc, affronteront-ils seuls les colonnes françaises victorieuses ? Il y a six mois à peine les Ouled-Naïls et les Issers on donné asile à Abd-el-Kader. Les Issers et les Ouled-Naïls ont été rigoureusement châtiés. Le souvenir de ce châtiment n'a pas dû sortir de leur mémoire.

Ici le montagnard se tut. Abdallah tenait la tête penchée sur sa poitrine, agité par des sentiments opposés. Il était évident qu'un combat violent se livrait dans son cœur entre son ambition et son orgueil. L'ambition l'emporta.

— Quelles sont les conditions du traité ? balbutia-t-il, le visage rouge de honte.

— Tu conserveras ta dignité de cheik, sous la protection de la France, avec des attributions civiles, militaires et judiciaires.

— Après ?

— Tu recevras chaque année 1,000 piastres (1), à titre d'émoluments de ta charge.

— Après?

— Il te sera fait remise d'une part des amendes encourues par les délinquants en matière correctionnelle.

— Après?

— Tu participeras également aux amendes encourues pour refus ou retard du paiement de l'aman.

— Après?

— Lorsque ta tribu sera sur le pied de guerre, lorsque ta présence auprès du gouverneur de l'Algérie ou d'un chef de corps deviendra nécessaire, il sera pourvu aux frais de ton déplacement comme à ceux de tes gens.

— Après?

— Après! Ne trouves-tu pas superbe la position nouvelle que te fait le sultan des Français? Nos généraux ne jouissent pas d'aussi grands avantages ; tu peux te flatter d'être, pécuniairement parlant, au-dessus du maréchal Bugeaud lui-même. Mon gouvernement veut faire largement les choses ; il ne marchande pas avec les chefs indigènes qui ont le bon esprit de se rallier à lui.

Abdallah hésitait encore; son orgueil lui livrait un dernier assaut. Se mettre à la merci d'un giaour!... Cependant il était ébranlé ; sa cupidité était excitée outre mesure.

— Acceptes-tu, oui ou non? demanda Julien.

Silence du cheik.

— Acceptes-tu mes conditions? Réponds. Je vais rapporter au quartier général que tu te décides pour la paix ou pour la

---

(1) Piastre, monnaie espagnole ayant cours chez les peuplades arabes. La piastre vaut 5 fr. 33 c.

guerre, pour les honneurs et les richesses ou pour l'obscurité et la misère.

— J'accepte, articula péniblement Abdallah.

— Ainsi l'engagement que tu prends librement est sacré? Rien ne t'y fera renoncer?

— Je le jure sur le Coran, par la barbe du prophète, par le tombeau révéré de Médine (1), par la Kaaba (2)! Que la foudre m'écrase, que je sois privé des joies réservées par Mahomet à ses élus, si je manque à ma parole. Désormais j'appartiens corps et âme aux Français.

En prononçant ces mots, Abdallah avait le visage tourné vers la Mecque et les mains élevées au-dessus de la tête.

— A quand la rédaction et la signature du traité?

— Ce soir, une heure avant le coucher du soleil. Maintenant un conseil dans l'intérêt de ta sûreté et de celle de tes compagnons. Les Ouled-Naïls, qui détestent les Français, pourraient vous faire un mauvais parti; l'occasion est belle, et nos guerriers ne seraient pas fâchés d'orner leurs tentes de vos têtes. Pour vous mettre à l'abri de tout danger, je vais faire revenir les grands de la tribu et tes compagnons. Alors tu me demanderas l'*eau* et le *sel*; je m'empresserai d'acquiescer à ta demande, et dès lors, devenus nos hôtes, vous n'aurez rien à redouter; vous pourrez errer en toute liberté dans le douar. Tant que vous

---

(1) Médine, en arabe *Medinet-el-Nabi* (la ville du prophète), ville fameuse de l'Arabie. Médine fut le refuge et la première possession de Mahomet. Le tombeau du prophète y attire chaque année une foule de pèlerins. Médine forme avec la Mecque les villes saintes confiées à la garde du Grand Seigneur.

(2) La Kaaba (le carré), maison de 10 mètres en tous sens dont la tradition musulmane attribue la construction miraculeuse à Adam, ou à Abraham, ou à des anges. Cette maison se trouve dans la célèbre mosquée de la Mecque, dite *Beith-Allah* (maison de Dieu).

demeurerez sur le territoire des Ouled-Naïls, vous y trouverez aide et protection.

Incontinent les convives, Goliath et le tambour parurent. La petite comédie fut jouée ainsi qu'il avait été réglé entre Abdallah et Julien.

Le jeune officier saisit un pan du burnous du cheik et lui dit :

— Au nom de Dieu qui nous a créés et qui nous jugera un jour, je requiers de toi, Abdallah, cheik des Ouled-Naïls, l'*eau* et le *sel*.

L'Arabe fit mine de repousser le suppliant.

— Au nom de Dieu qui nous a créés et qui nous jugera un jour, répéta l'officier, je t'adjure, Abdallah, cheik des Ouled-Naïls, de m'accorder l'*eau* et le *sel*.

— Allah est miséricordieux, répondit le cheik, et Mahomet est son prophète, qu'il soit fait selon le désir du giaour. Il ne sera pas dit qu'un chrétien s'est vu refuser l'hospitalité sous la tente des Ouled-Naïls. Tu rediras au cheik des Français que les Ouled-Naïls sont inexorables dans le combat, mais généreux envers l'ennemi sans défense.

Les convives approuvèrent d'un signe de tête cette sentence prononcée avec emphase.

— Puisque tu daignes nous accorder l'hospitalité, reprit Julien, permets-moi de te faire observer que nous avons quitté le camp dès l'aube, et que l'astre du jour est sur son déclin; depuis notre départ nous n'avons pris aucune nourriture, nous avons besoin de réparer nos forces.

— Excuse ma négligence, répondit Abdallah : elle est bien pardonnable.... La réception de mes frères.... ta visite inattendue.... Makreb ! Makreb !

Un serviteur entra.

— Makreb, sers à mes nouveaux hôtes le couscoussou, pré-

pare un quartier d'agneau, des gâteaux de riz, le café....
Exécute promptement mes ordres.... Pas de retard.

Le serviteur s'empressa d'obéir. Un plat de couscoussou fut apporté aussitôt, et l'officier, Goliath et le tambour furent invités à prendre leur repas. Ils ne se le firent pas dire deux fois ; leur estomac criait famine.

— A l'avenir, exclama Goliath, parlant et mangeant en même temps, je ne porterai plus de jugement téméraire. J'aurais juré que cet honnête citoyen aux petits yeux gris était un véritable sacripant, une sorte de Barbe bleue. Pas du tout, c'est un paisible patriarche ; il fait avec infiniment de grâce et d'aisance, tardivement peut-être, les honneurs de son palais. (Et ce disant, le géant promenait, en souriant avec malice, ses regards autour de la pièce dénudée.) Je me repens presque d'avoir été irrévérencieux envers sa seigneurie le cheik. Je l'ai gratifié de la qualification peu respectueuse de rhinocéros, alors que je lui supposais, gratuitement, je l'avoue, l'intention de débarrasser la terre de notre présence.

— Cela prouve, mon cher Goliath, répliqua gaîment le jeune officier, et notre présomption et l'inanité de nos raisonnements. Faites-en votre profit.

Sur ces entrefaites, survint Makreb, apportant le quartier d'agneau et les gâteaux de riz.

Goliath et le tambour s'escrimèrent avec ardeur contre les produits de la cuisine arabe. Le tambour surtout y allait rondement ; tout entier au travail de la déglutition, il ne prenait aucune part à la conversation ; il était en train de rompre son jeûne forcé, et bien habile eût été celui qui l'eût arraché à cet agréable exercice.

Pendant ce temps les Ouled-Naïls fumaient gravement leurs chibouques et le cheik veillait à ce que rien ne manquât à ses hôtes, les encourageant à satisfaire leur appétit et les servant lui-même. Exemple touchant de cette hospitalité arabe, grâce à laquelle le proscrit peut dormir en paix sur la même natte que son ennemi le plus irréconciliable. Tant il est vrai que Dieu a mis au cœur de tous les hommes, même des peuplades plongées encore dans la barbarie, d'énergiques sentiments de charité, réminiscence de cette confraternité divine qui faisait des êtres humains, aux premiers âges du monde, une seule et unique famille !

Après que les Français eurent pris le café, Abdallah et les grands de la tribu se retirèrent pour conférer sur les propositions émises par Julien. La conférence se prolongea fort tard, et le traité ne fut pas signé ce jour-là. Le montagnard et les deux soldats mirent à profit ce retard, Goliath et le tambour en se livrant au sommeil sur un lit de peaux de mouton, l'officier en se promenant dans le douar, pour étudier, s'il était possible, l'Arabe dans la vie privée, au foyer domestique ; car, ne le perdons pas de vue, notre héros mène de front les négociations et la philosophie.

Laissons le géant et le tambour ronfler paisiblement, et suivons le montagnard dans son excursion.

XII.

LE SOUS-LIEUTENANT JULIEN CHEZ LES OULED-NAÏLS. — MŒURS ARABES. (SUITE.)

L'arrivée des trois Français s'était répandue promptement dans le douar; aussi, lorsque Julien s'aventura dans la principale rue du village, tous les Ouled-Naïls étaient instruits qu'on lui avait octroyé l'*eau* et le *sel*. Partout sur son passage l'officier fut accueilli, sinon avec bienveillance, du moins avec un certain respect mêlé de réserve. Notre héros surprit bien çà et là quelques coups d'œil malveillants, mais ces témoignages de sombre hostilité ne se traduisirent pas par des actes. La foi jurée enchaînait les Ouled-Naïls, les droits de l'hospitalité protégeaient le Français. Mais ce n'était pas là le compte du montagnard; il faisait une promenade à la façon des moralistes; et, pour que sa promenade portât ses fruits, il fallait qu'il liât conversation avec les indigènes; ce qui n'était pas le moins difficile de son programme. Le hasard, plus fécond en ressources que l'esprit et le génie, se mit fort à propos de la partie.

Julien avait fait une centaine de pas depuis sa sortie de la tente du cheik, sans avoir pu trouver l'occasion de placer une parole, lorsqu'il avisa un cheval débouchant d'un carrefour et fuyant de toute la vitesse de ses jambes devant un Arabe qui semblait l'appeler. L'animal, dans sa course furibonde, la queue droite, la tête au vent, galopait dans la direction de l'officier. Un tout petit enfant jouait au milieu de la rue; encore une seconde, et il allait être indubitablement broyé.

Cédant à une inspiration généreuse, le montagnard, d'un bond prodigieux, franchit la distance qui le séparait de l'enfant, saisit par les naseaux l'animal, dont les sabots foulaient la tunique de la frêle créature, et, pesant de tout son poids, au risque d'être écrasé lui-même, fait plier le cheval sur les jarrets et l'arrête court.

Le père de l'enfant, accouru aux clameurs poussées par les témoins de cette scène émouvante, reçut des mains du Français son fils sain et sauf.

L'Arabe (1) manifesta chaudement sa gratitude au *chrétien*.

— Qui que tu sois, dit-il, tu vivras éternellement dans ma mémoire; il y aura toujours place pour toi sous la tente de Mohamed; et si jamais la fortune contraire te réduit à fuir la société des tiens, souviens-toi de l'Ouled-Naïl dont tu as sauvé l'enfant au péril de tes jours! Qu'Allah te comble de toutes ses bénédictions! Daigne entrer dans mon humble de-

---

(1) Nous prévenons le lecteur une fois pour toutes que nous désignons par l'appellation générique d'*Arabes* tous les indigènes de l'Algérie, bien qu'ils soient divisés en peuplades différentes (Berbers, Kabyles, Arabes); et en cela nou suivons l'usage généralement adopté.

meure. Je serais heureux de montrer à ma famille et à mes serviteurs l'homme généreux qui m'a épargné une douleur bien amère!

Julien, obéissant au vœu de Mohamed, entra dans la tente. Le vieux père, les frères, les autres fils de l'Arabe s'empressèrent à l'envi autour du *magnanime infidèle*, se prosternèrent avec vénération devant lui, et baisèrent avec ferveur les bords de sa tunique. L'aïeul le bénit d'une manière touchante.

« Allah, dit le vieillard, sois propice au giaour dont les yeux sont fermés à la lumière! Mahomet, ne détourne pas ton regard de l'infidèle; prends-le en pitié. Fais que son père, sa mère s'éteignent dans une vieillesse heureuse et avancée; fais que sa femme et ses enfants ne vivent que pour sa gloire et son bonheur. »

Julien était confondu de tous ces témoignages de reconnaissance pour une action, à son dire, la plus simple du monde. Et ce ne fut pas tout : en haine comme en amitié, les Arabes n'adoptent pas de moyen terme; force fut à notre héros de trôner sur un siége oriental, c'est-à-dire de s'installer, à la façon d'un pacha ou d'un tailleur d'habits, sur un tapis d'une nuance douteuse, respectable par sa vétusté et datant de plusieurs siècles, objet de luxe qui ne voyait le jour que dans les circonstances solennelles, Mohamed et sa famille se servant d'habitude de nattes grossièrement tressées. Les assistants de qualité prirent place sur le fastueux tapis, à une distance respectueuse du giaour; les serviteurs s'accroupirent à l'écart sur leurs talons, et le lait de jument fermenté et les chibouques furent cérémonieusement offerts et acceptés de même. Puis Mohamed commença la présentation de chacun des membres de sa famille au Français.

— Ce vieillard qui a appelé sur toi les bénédictions d'Allah et de notre saint prophète, est mon père; il a vu sept fois dix fois se flétrir sous la froide haleine de l'hiver le feuillage des vieux chênes dont est peuplé le bois que tu as traversé en venant au douar. Mais, Allah en soit loué! l'aïeul, semblable au roc inébranlable battu par les flots de la mer, a résisté aux ravages du temps; il a conservé toute sa vigueur; dans le conseil, dans le combat, il est encore apprécié par ceux de sa tribu.

Julien s'inclina en signe de respect. Mohamed poursuivit :

— Ce guerrier, auquel il manque un bras, est mon frère; il est venu au monde trente lunes avant moi; il a été blessé au siége de Constantine d'un coup de l'arme terrible que les soldats de ton pays portent au bout de leurs fusils; fait prisonnier, il a été soigné dans la tente des malades (hôpital militaire) par des derviches femelles (sœurs de charité), avec l'attention d'une mère pour son enfant. Mais la blessure était sans remède. On coupa à mon frère, malgré ses protestations, le membre devenu inutile. Allah est impénétrable dans ses desseins, nous nous soumîmes à ce malheur irréparable. Aujourd'hui Amar ne pense plus au bras qu'il a perdu; celui qui lui reste sait faire au besoin son office.

— Les chances de la guerre, répondit Julien, ne sont pas toutes favorables; Dieu dispose de nous à son gré. Nous devons plaindre ceux que le sort choisit pour victimes.

— Tu vois, poursuivit Mohamed, ce jeune homme placé auprès de mon frère? C'est mon premier-né; il a vu vingt fois les tièdes zéphyrs caresser les fleurs de la vallée. Il n'a point de rival à la course; nul mieux que lui ne sait dompter un cheval; dans une *fantasia* (1), neuf fois sur dix il est vain-

---

(1) Fêtes militaires, exercices équestres, pleins d'animation, qui rappellent, sous certains rapports, les joutes et les tournois du moyen âge, à cette différence près que le long fusil des Arabes a remplacé la lance des anciens preux.

queur. Il a déjà fait ses premières armes et a eu l'honneur de prendre part à une chasse contre le roi du désert, le seigneur à la grosse tête (le lion). Sa valeur enfin lui a mérité d'être proclamé homme et d'avoir voix délibérative dans les conseils. Regarde, à côté de mon premier-né, cet adolescent dont le plus léger duvet n'ombrage pas encore le visage; le lentisque planté sur le versant oriental du Djurjura le jour de sa naissance a fleuri à peine seize printemps, et cependant Bil-Kassem, ainsi que son frère Amar, a été proclamé homme depuis deux lunes.

— Pour que ton fils jouisse de cette distinction honorable, il a fallu quelque circonstance remarquable, quelque action d'éclat ?

— Tu dis vrai, reprit Mohamed, dont le visage s'illumina soudainement; et s'il ne te déplaît pas de demeurer quelques instants encore parmi nous, je vais te raconter comment Bil-Kassem est sorti avant l'âge de l'enfance. Tu es courageux, tu dois te connaître en bravoure, et tu admireras, je n'en doute pas, la valeur précoce de cet enfant de mes entrailles qui sera un jour, si Dieu lui prête vie ; l'orgueil de sa race.

— Si je ne craignais pas d'abuser de ta complaisance, repartit Julien, j'accepterais....

— Comment donc! n'est-ce pas pour moi un plaisir bien doux de t'être agréable en quelque chose? Ecoute donc; si mon récit t'ennuie, avertis-moi, je cesserai de parler.

— Je suis tout oreilles.

— Je commence. Un soir, il y a de cela deux lunes, le ciel était sombre et pluvieux; le moment du repos était venu, les feux s'éteignaient dans le douar, et au dehors veillaient seuls les fidèles gardiens des troupeaux parqués derrière les palissades adossées aux tentes. Bil-Kassem allait se jeter sur son lit. Je poussai l'enfant du pied. Surpris, il se retourne; son œil m'interroge. « Quoi! lui dis-je, tu vas dormir comme un enfant, comme un lâche! » Bil-Kassem, confus et triste, continuait à me regarder sans comprendre. Je lui montre du doigt un pistolet suspendu au montant de la tente. Bil-Kassem me devine enfin; il bondit comme un jeune tigre et se saisit de l'arme. « Que faut-il faire maintenant? me demande-t-il. — T'en servir, telle est ma réponse. — Quand? comment? contre qui? continue l'enfant. — Ce soir, selon la circonstance, contre Sidi-Amar, de la tribu des Ouled-Dann, dont l'aïeul a fait périr dans une embuscade un de nos arrière-parents. — Mais la nuit est bien noire, objecte Bil-Kassem, je ne pourrai jamais trouver le chemin du douar; et puis je n'ai jamais couru seul les aventures, après le coucher du soleil. — Pour cette fois, continué-je, tu seras accompagné par un homme sûr. Hamedi sera de la partie. »

Bil-Kassem trépignait de joie.

Les préparatifs sont bientôt faits. Des manteaux bruns remplacent les burnous blancs, et nos aventuriers, la tête couverte d'une calotte couleur de terre, les jambes et les pieds nus, la chemise relevée au-dessus du genou et retenue par une ceinture de cuir, s'élancent dans la campagne par une pluie battante.

Le vent fait rage, les chemins défoncés sont couverts de grandes flaques d'eau qu'évitent avec une merveilleuse adresse l'enfant et le guerrier; il fait noir comme dans l'antre d'une hyène; l'œil d'un Européen ne verrait ni le sentier, ni les fondrières, ni les arbustes, ni les rochers semés sur la route; nos deux champions, semblables au lion, leur plus redoutable ennemi, percent les ténèbres épaisses d'une nuit profonde, et s'avancent avec autant d'assurance qu'en plein soleil. Ils marchent ainsi une heure et demie sans échanger une parole, le bruit de leurs pas se perd dans les gémissements des arbres dont les cimes s'agitent sur leurs troncs ébranlés.

Cependant les aboiements des chiens commençaient à se faire entendre; on approchait du douar dont les tentes projetaient dans l'ombre leur masse indécise.

Bil-Kassem et Hamedi suspendent leur marche pour concerter le mode d'attaque. Il est arrêté que l'enfant se portera à la tente de Sidi-Amar, pendant qu'Hamedi attirera du côté opposé l'attention des quadrupèdes. Ce point réglé, ils continuent d'avancer. Le douar n'est qu'à demi-portée de pistolet. Tous les chiens du village, flairant des émanations étrangères, aboient avec fureur. L'éveil est donné. Dans la tente de Sidi-Amar tout le monde est sur pied; les serviteurs rallument les feux, jettent des tisons enflammés, tirent des coups de fusil en l'air, pendant que Bil-Kassem et son compagnon, blottis au pied d'un buisson, attendent tranquillement la fin de ce vacarme. Le tumulte cesse enfin. Les gens de Sidi-Amar, s'imaginant qu'une fausse alerte a été donnée, gourmandent les chiens, les forcent au silence et rentrent dans la tente pour se livrer au sommeil avec d'autant plus de sécurité, que les gardiens du bétail ont été trouvés en défaut. Les aboiements se renouvelleront en vain, personne ne sortira. C'est ce que savent parfaitement l'enfant et Hamedi. Néanmoins il faut différer l'attaque; vaincus par la fatigue et la veille, les plus jeunes chiens finiront par s'endormir; il ne demeurera plus éveillés que les anciens de la meute. Ce sera le moment favorable.

Mon fils et son compagnon se résignent donc à l'attente.

La pluie cependant continue à tomber drue et serrée; le vent murmure tantôt sa plaintive et monotone mélodie, tantôt se déchaîne en sifflements aigus; l'hôte des forêts mêle à ce concert nocturne son imposante voix, ressemblant, à s'y méprendre, au grondement du tonnerre; et le chacal, ce parasite (1) du lion, accompagne tous ces bruits d'un cri bref et strident. Une heure s'écoule ainsi. Alors Bil-Kassem et Hamedi, héroïquement trempés jusqu'à la moelle des os, quittent le buisson où ils ont trouvé un abri si insuffisant, et se dirigent vers le douar, en rampant sur le ventre. Près d'atteindre la tente, objet de leur excursion, ils se séparent. Bil-Kassem se traîne jusqu'à la palissade qui clôt le parc, et Hamedi gagne le côté opposé. L'enfant a franchi la faible barrière. Au même moment les aboiements recommencent de plus belle. Hamedi, pour attirer les chiens à l'endroit où il est posté, s'est mis à tousser légèrement; il s'est redressé de toute sa hauteur pour être plus facilement aperçu. Son stratagème a réussi. Toute la meute le serre de près, mais l'Ouled-Naïl n'a pas la moindre envie de laisser sa peau ou sa chair aux dents des quadrupèdes; il marche vers eux à quatre pattes, et la meute effrayée recule d'épouvante en faisant retentir l'air de hurlements affreux.

Bil-Kassem comprend qu'il n'y a pas une minute à perdre, il est sous la tente. Là-bas est le logement des femmes; à côté de l'appartement des femmes reposent les enfants; en travers de la tente dort paisiblement Sidi-Amar, son yatagan près de lui, ses pistolets sous la tête. L'enfant a deviné plutôt que vu notre ennemi héréditaire, il aspire son haleine et juge au flair la position que le corps occupe. Bon! la tête est là. Un coup de pistolet retentit dans le silence de la nuit, une ombre s'est glissée hors de la tente. La mort de notre arrière-parent est vengée.

---

(1) Il est avéré que le chacal suit le lion en chasse et se repaît des restes que dédaigne ce dernier. Lorsque les restes du repas du noble animal sont abondants, le chacal, par une espèce d'aboiement sec et rauque, invite ses camarades à venir prendre part au festin. Ce fait est attesté par les indigènes et par ceux de nos soldats qui ont résidé dans les contrées de l'Algérie hantées par les lions.

Deux heures après, Bil-Kassem ronflait paisiblement auprès de moi, heureux de ce bonheur que peut seul procurer l'accomplissement du devoir.

Le récit de Mohamed finit là. Notre homme, comptant sur les suffrages du Français, se disposait à jouir délicieusement des témoignages d'une admiration sans partage; il fut vivement désappointé, Julien garda le silence.

— Un courage si assuré dans un enfant ne te cause donc aucune surprise? demanda Mohamed.

— De la surprise, de l'admiration? Non. Le sentiment que j'éprouve est un sentiment de pitié et de chagrin.

— Tu blasphèmes! répliqua avec aigreur Mohamed; tu abuses de l'avantage que te donne le dévouement dont tu as fait preuve!

— En aucune façon. Tu me demandes ma pensée sur ce que tu appelles l'héroïsme de ton fils; j'émets ma pensée franchement et loyalement. Tu as fait appel à ma sincérité: dois-je mentir à ma conscience? Serais-je digne de ton estime, si j'approuvais des lèvres ce que mon cœur blâme sévèrement?

— Je te loue de ta franchise. Mais tu ne pourras pas nier au moins que les enfants des Arabes l'emportent en fait de bravoure sur les enfants des chrétiens!

— Qu'y a-t-il d'étonnant en cela? Vos enfants naissent, vivent et meurent au milieu des dangers que nous autres habitants de l'Europe civilisée, nous ignorons et devons ignorer. A l'enfant chrétien, dès que sa jeune intelligence est capable de saisir une idée, on enseigne la crainte de Dieu, la morale, la vénération pour les auteurs de ses jours, le respect pour la propriété d'autrui, l'horreur de l'homicide, la religion du serment, la sainteté des engagements contractés, l'oubli des injures, l'amour de tous les hommes. Au jeune Arabe sorti à peine du berceau, on parle tueries, batailles, guerre, rapine, fourberie. Vous érigez en vertus (tu viens de le dire toi-même) l'assassinat, la vengeance transmise par la génération qui s'éteint à la génération qui grandit, la haine de peuplade à peuplade, le vol à main armée, la maraude, moyen, d'après votre code de morale, de développer les ressources du génie, tous actes réprouvés par la conscience et atteints par la pénalité des peuples à l'aurore de la civilisation. Dans votre fanatisme exclusif, vous mettez au ban de l'humanité tout ce qui n'est pas mahométan; et le premier mot que vous essayez de faire balbutier à vos fils est un outrage pour les chrétiens. Le petit enfant arabe sait prononcer à peine les mots père, mère, qu'il articule clairement *giaour*. L'éducation de vos enfants m'explique la froide cruauté de cet adolescent qui va surprendre dans le sommeil et tuer sans remords un homme qu'il connaissait à peine, qu'il n'avait peut-être jamais vu. La semence jetée dans le cœur de ton fils a germé. Tu lui as redit mille fois que le plus brave est celui qui tue vite et souvent; il n'a que trop profité de tes leçons! Au lieu de comprimer les instincts féroces de Bil-Kassem, tu n'as fait que les exagérer; aussi, lorsque tu lui as dit, en lui montrant le pistolet qui lui a servi à commettre son premier crime : « Va, assassine Sidi-Amar, et venge ta famille, » il a bondi comme un jeune tigre, ce sont tes propres paroles, il est allé sans hésitation tremper ses mains dans le sang d'un ennemi désarmé; et le meurtre commis, ton fils n'a éprouvé aucun regret; au contraire, il s'est applaudi de sa *vaillance* (comme s'il pouvait y avoir de la bravoure à tuer lâchement un homme sans défense!); son orgueil a été satisfait; car il est désormais réputé brave, et la tribu compte un homme de plus! Sais-tu bien qu'en France l'*héroïsme* de Bil-Kassem l'aurait couvert d'opprobre et fait rejeter du sein de la société comme une bête féroce? Sais-tu bien qu'au lieu des applaudissements d'une multitude insensée, ton fils n'aurait trouvé qu'un châtiment justement mérité?

La foudre serait tombée sur la tente, que Mohamed et les autres Ouled-Naïls n'auraient pas été frappés d'une stupeur plus profonde. Ils s'entre-regardaient incertains, comme des hommes à demi éveillés cherchant à se reconnaître; ils doutaient de ce qu'ils venaient d'entendre, tant leur paraissait invraisemblable, dénué de sens, monstrueux, le langage de l'officier français. A l'étonnement succéda une colère sourde, concentrée; la lave bouillonnait au fond de ces cœurs si calmes en apparence; ces visages de bronze s'illuminaient d'éclairs sinistres. Il eût suffi en ce moment d'une étincelle pour amener une conflagration générale; car Julien avait blessé au vif l'orgueil arabe dans ce qu'il a de plus vivace, de plus énergique : la religion, le courage.

Mohamed, refoulant dans son âme les sentiments tumultueux qui l'agitaient, s'empressa de conjurer l'orage près d'éclater :

— Tu dois des actions de grâces à Allah et à notre prophète, pour avoir été admis au foyer du cheik des Ouled-Naïls. Si les droits inviolables de l'hospitalité ne te protégeaient pas, tu expierais par une mort terrible tes horribles blasphèmes! Je maudis le jour qui m'a fait une obligation de protéger ta vie au péril de la mienne! Mais bannis toute crainte de ton esprit; mes parents, mes serviteurs et moi nous te donnerons un grand exemple de modération, pas un cheveu de ta tête ne sera touché! Tu emporteras le regret de m'avoir rendu pénible la reconnaissance.

Ces quelques mots dits avec une solennité et une tranquillité calculées apaisèrent comme par enchantement la colère des assistants. Julien, voyant ses hôtes dans des dispositions plus pacifiques, s'empressa de répondre :

— Tu me fais un crime, Mohamed, de ma sincérité! Ce n'est pas équitable. En entrant sous ta tente, j'ai apporté des intentions bienveillantes, j'en prends le ciel à témoin; et si tu ne m'avais pressé de formuler un jugement sur la conduite de ton fils Bil-Kassem dans l'affaire de Sidi-Amar, aucune parole de blâme ne serait sortie de ma bouche. Tu m'as mis en demeure de produire mon opinion, j'ai parlé d'après ma conscience. Quel reproche peux-tu avoir à m'adresser? Eusses-tu préféré une approbation mensongère? Mais alors la vérité serait donc chez les Arabes méprisée? Non, tu n'as pu vouloir me faire mentir à vous et à moi-même; tu aimes mieux, vous aimez mieux tous, je vous estime assez pour en avoir la certitude, ma franchise, bien qu'elle ait livré un rude assaut à votre amour-propre national. D'ailleurs, je sépare vos personnes de vos actes; pour ceux-ci ma réprobation, pour celles-là pitié, charité affectueuse. Je vous plains de toute mon âme d'avoir eu le sens moral perverti par une éducation vicieuse et des institutions qui flattent perfidement vos penchants, institutions dont, après tout, vous n'êtes pas responsables; espérons que la civilisation pénétrera au sein de vos tribus et qu'elle fera tomber le bandeau qui vous couvre les yeux. C'est le vœu le plus ardent que je forme pour votre bonheur.

— Es-tu donc convaincu, dit Mohamed, que ce soit mal de venger une famille par la mort de celui qui l'a outragée?

— Le Christ l'a enseigné pendant son séjour sur la terre, et la conscience humaine le proclame.

— Mais je n'éprouve, moi, aucun remords du trépas de Sidi-Amar; et ce serait à recommencer, que je dirais encore à Bil-Kassem : « Va, débarrasse-moi de cet homme; que son sang expie la mort de notre arrière-parent qui, du fond de sa tombe, nous crie vengeance ! »

— C'est que tu as sucé l'erreur avec le lait de ta mère; c'est que tu as le sens moral perverti par de fausses doctrines. Au nourrisson qui vient de perdre sa mère, que l'on présente un sein mercenaire ; trompé par cette supercherie nécessaire, l'enfant prodigue à l'étrangère les mêmes caresses qu'à celle qui lui a donné le jour. Il en est de même de vous. Dès l'âge le plus tendre vous avez été habitués à considérer comme bien ce qui est mal; vous vous êtes affermis dans l'erreur, et, devenus hommes, vous avez eu les yeux fermés à la vérité. Du reste, sous ce rapport, les mêmes lois régissent notre conscience et nos organes. A nos organes nous donnons le change. La première bouffée de tabac que j'ai aspirée m'a semblé amère, nauséabonde, m'a occasionné des révoltes d'estomac. Aujourd'hui nul parfum ne m'est agréable comme celui du tabac. Fais avaler à l'Arabe du désert qui ne s'est jamais désaltéré qu'avec l'eau des torrents, quelques gouttes de vin ou de liqueur fermentée; l'Arabe du désert aura des nausées et repoussera le *breuvage de feu*, tant ce breuvage lui affecte désagréablement le palais. Que l'Arabe boive le lendemain, les jours suivants, la liqueur qui lui a tant répugné la première fois, il la trouvera agréable, délicieuse, et tellement agréable et délicieuse, qu'il finira par en boire jusqu'à perdre la raison.

— Tu me donnes beaucoup à réfléchir, reprit Mohamed, tout pensif; tu ébranles des convictions fortement enracinées dans mon esprit.

— Plaise à Dieu, repartit Julien, que le doute te fasse faire un retour sur toi-même! Qui sait si un bienfait spécial de la Providence n'a pas mis sur ma route ton enfant en danger de mort?

Et là-dessus le montagnard, Mohamed et les autres Ouled-Naïls se séparèrent les meilleurs amis du monde. De l'orage de tout à l'heure il ne paraissait pas trace.

Le jeune officier gagna en toute hâte la demeure d'Abdallah. Il se faisait tard, et notre héros avait grand besoin de repos. Mais il était dit que ce jour-là Julien assisterait aux scènes les plus émouvantes. Il y avait grande réunion chez le cheik; les Ouled-Naïls parlaient bruyamment, tous à la fois. On eût dit l'assemblée parlementaire issue de février 1848, délibérant en tumulte au milieu d'un feu croisé d'interruptions remarquables par toute autre chose que par l'urbanité. C'est que les Arabes, froids et graves dans le commerce ordinaire de la vie, s'animent étrangement lorsque leurs passions sont en jeu. Ils s'émeuvent aux récits de chasse, de combats, de maraude ; comme les paroles n'arrivent pas assez vite pour exprimer les idées qui jaillissent en foule de leurs cerveaux surexcités par la discussion, ils suppléent à l'insuffisance du langage par une pantomime des plus curieuses pour l'Européen peu habitué à cette télégraphie souvent burlesque de la pensée.

L'arrivée du Français fut remarquée seulement par le cheik, qui, tout entier au débat qui s'agitait en ce moment, fit signe à son hôte de prendre place sur une natte.

Julien s'accroupit philosophiquement et chercha à saisir quelques lambeaux de phrases incohérentes s'entre-choquant aigres et confuses.

— J'ai enlevé trois taureaux et douze moutons, disait l'un.
— Et moi, quatre chevaux et huit chèvres, disait l'autre. — Vous mentez, ripostait celui-ci ; sans moi, vous reveniez les mains vides. — Il n'y a donc que pour eux à parler, reprenait celui-là ; à les entendre se vanter ainsi, on croirait vraiment qu'ils ont tout fait et que les autres se sont croisé les bras. — Fils de shitan, langues de vipères, hurlait cet autre, la Géhenne vous ouvrira un jour ses portes ; de par Mahomet, vous êtes d'indignes blasphémateurs ! — Lakdar a parlé, Lakdar a parlé, cria un nouvel interlocuteur ; *bridons nos langues* et *enfourchons le silence.*

La discussion s'échauffait et menaçait de dégénérer en dispute ; encore quelques instants, et le kandjar allait trancher la question.

Le cheik crut prudent d'interposer son autorité.

— Enfants, se prit-il à dire, vous ne pouvez pas vous entendre ; vous parlez tous à la fois ; vous n'êtes pas des hommes, mais de véritables femmes. Vos langues se donneraient-elles ainsi carrière parce que vos bras n'ont pas agi? Le guerrier sûr de lui est sobre de mots ; le guerrier d'un courage équivoque est prodigue de paroles.

Cette réprimande produisit son effet, le calme se rétablit.

— Maintenant que vous êtes tranquilles, poursuivit Abdallah, nous pouvons écouter le rapport. Lakdar, fais ce rapport.

Lakdar, ainsi interpellé, commença en ces termes :

— Depuis longtemps nous n'avions pas fait de *promenade nocturne* (1) ; nos jeunes gens s'ennuyaient de l'inaction ; leurs bras s'engourdissaient. L'un d'eux vint me trouver il y a quatre jours. « Lakdar, me dit-il, l'ennui s'empare des jeunes hommes de la tribu ; les fusils restent muets, et les kandjars se rouillent faute de servir. Et puis le bétail diminue d'une manière désespérante ; un vieux lion à tous crins, établi dans les repaires du voisinage, prélève depuis deux lunes un impôt considérable (je ne mentionne pas les Ouled-Naïls tombés sous la griffe puissante du seigneur à la grosse tête) ; il serait temps de remonter nos troupeaux. Les Issers, nos voisins, plus heureux que nous, n'ont pas reçu la visite du dangereux voleur ; leurs parcs regorgent de bétail ; ils ne savent où le loger. Si nous les débarrassions de quelques taureaux et de quelques bêtes à laine, nous leur rendrions un grand service ; nous allégerions ainsi leur travail de surveillance. En outre, comme les animaux sont à l'étroit dans les parcs des Issers, tandis que nos parcs à nous se trouvent trop vastes, une promenade nocturne arrangerait toutes choses pour le mieux. »

Ma réponse au jeune homme fut ce qu'elle devait être. « Demain soir, deux heures après le coucher du soleil, trouve-toi avec huit des jeunes gens au gué de la Panthère ; j'y serai.

---

(1) Les Arabes désignent ainsi la maraude.

Ayez soin d'être revêtus de burnous de couleur sombre; que vos kandjars (1) soient affilés et vos fusils nettoyés avec précaution. Pas un mot de notre expédition à personne autre qu'à ceux qui doivent en faire partie. »

Le lendemain, j'étais au gué de la Panthère une heure et demie après la chute du jour. Quelques minutes plus tard la bande m'y rejoignait. Nous partîmes aussitôt. Je pris route à travers champs avec quatre des jeunes hommes; les autres, sous la conduite de Sigha, suivirent un sentier couvert serpentant au flanc de la colline qui domine le douar.

Il était convenu qu'on ferait halte à deux portées de fusil du village des Issers, et que les premiers arrivés attendraient leurs compagnons.

Mes prescriptions furent exécutées de point en point. La petite troupe de Sigha atteignit la première le lieu du rendez-vous, et s'établit dans un massif de lentisques. Je ne me fis pas longtemps attendre, et Sigha était à son poste depuis un quart d'heure à peine, que je m'engageai avec mes jeunes hommes dans le massif où avaient élu domicile nos cinq auxiliaires.

Nous marchions silencieux à la file les uns des autres, évitant avec un soin extrême de faire craquer sous nos pas le bois mort. Parvenus au plus épais du fourré, nous nous arrêtâmes court : nous venions d'entendre sur notre droite, à très-peu de distance, le cri distinct mais affaibli du chacal.

Nos compagnons sont à leur poste avant nous, dis-je à voix basse aux jeunes gens; Sigha nous signale sa présence par le cri de ralliement des promeneurs de nuit. — Je dois faire remarquer, à la louange de Sigha, qu'il excelle à imiter l'aboiement guttural du chacal; un Européen, à coup sûr, s'y laisse-

---

(1) Kandjar, sabre recourbé, de plus petite dimension que le yatagan.

rait prendre, et même beaucoup de nos frères; mais comme j'appartiens depuis longues années à l'honnête association des coureurs nocturnes, j'en sais par cœur toutes les ruses. — Nous nous dirigeâmes du côté d'où partait la voix du chacal, et nous fûmes bientôt auprès de Sigha et de ses aventuriers.

Il pouvait être, selon mon estime, minuit. L'obscurité la plus profonde nous enveloppait, de lourds nuages noirs voilaient le ciel, pas une étoile ne scintillait au firmament. C'était vraiment une nuit faite pour les chercheurs d'aventures. Allah nous était propice !

— A la besogne, mes enfants, murmurai-je. Rappelez-vous que le succès est attaché à trois choses essentielles : énergie, ensemble, promptitude.

Nous quittâmes alors notre abri. De ce moment commençaient le péril et les difficultés. Nous avancions lentement, retenant notre souffle. Les rôles avaient été distribués selon le savoir-faire et l'expérience de chacun. Nous atteignons sans être aperçus la tente la plus rapprochée du massif de lentisques. Le vent soufflant du douar des Issers, les chiens ne donnèrent pas l'alarme.

Nous touchons enfin à la palissade. Nous nous échelonnons à dix pas de distance les uns des autres, et incontinent nous attaquons la clôture du parc. Il faut ouvrir sur divers points un passage au gros bétail. Les pieux sont arrachés ou coupés, les branchages dispersés, dix trouées faites en moins de temps que je n'en mets à le raconter. Le cri du chat-huant interrompt le silence de la nuit : c'est Sigha qui avertit les jeunes gens que sur toute la ligne les passages sont pratiqués. Nous nous précipitons tous dans l'intérieur. En un clin d'œil nos poignards ont raison des cordes de poil de chameau qui tiennent les chameaux attachés à des pieux; dix chevaux sont débarrassés de leurs entraves, les moutons mis en liberté. Une minute a suffi à cette opération. Et tous d'enfourcher chacun un cheval, sans nous mettre en peine de selles ni de brides. — Ce sont d'habiles cavaliers que les Ouled-Naïls, ils dirigent seulement du genou (ils ne recourent pas au frein) le cheval le plus indompté. — Et nous voilà à chasser devant nous la gent bêlante et la gent ruminante qui ne s'attendaient pas à pareille fête. Les pauvres animaux, troublés dans leur sommeil, et ne comprenant rien à ce réveil brusque et inaccoutumé, détalent pesamment. Ce n'est point notre affaire, et la pointe de nos kandjars accélère leur marche.

Juste à l'instant où nous allions sortir du parc, nous fûmes salués par les vociférations des possesseurs du troupeau, lesquels, avertis de notre venue par les aboiements des chiens, le bêlement des brebis et le beuglement des taureaux, accouraient sur nous avec des intentions fort peu amicales. Le plus rude de la besogne restait à faire.

Je ne me laisse pas troubler par cette attaque inopinée; je commande à Sigha de fuir avec six des jeunes gens, et de pousser devant eux avec célérité, et en aussi bon ordre que le permet la circonstance, les taureaux et les moutons séparés du gros du troupeau; les deux autres aventuriers et moi tiendrons tête aux malencontreux Issers, et donnerons ainsi à nos compagnons le temps de gagner du terrain.

Sigha ne se fait pas répéter cet ordre deux fois, et avec sa petite troupe franchit la palissade par les ouvertures que nous avons ménagées. Sous cette masse pesante la terre ébranlée gémit. C'était curieux à voir, ou pour mieux dire, à deviner; car on ne faisait qu'entrevoir de lourdes bêtes, des formes indécises, de monstrueux fantômes, se mouvant avec rapidité dans les ténèbres.

Je me serais longtemps amusé de ce spectacle fantastique, si j'en avais eu le loisir. Mais une balle maladroite, qui vint s'aplatir sur le canon de mon fusil, m'arracha à ma contemplation, et me démontra clairement que nos voisins les Issers étaient loin de goûter le procédé généreux par nous employé pour leur éviter un encombrement insalubre de leurs parcs. La comédie était finie, et la tragédie allait commencer, comme disent les Européens.

Nous étions trois contre trente vigoureux gaillards au moins, tous gens entendant fort peu raillerie, et on ne peut plus disposés à voir nos visages grimacer à la pointe des kandjars. Si nous n'avions pas l'avantage du nombre, nous étions protégés par l'obscurité et montés sur d'excellents chevaux qui paraissaient ne pas demander mieux que de faire preuve, sous leurs nouveaux maîtres, de la vigueur de leurs jarrets. Il était urgent de dissimuler notre faiblesse numérique. Nous le fîmes de la manière la plus simple et la plus heureuse. Chacun de nous trois était posté près d'une ouverture de la palissade; nous faisions piaffer nos chevaux, nous poussions, avec des intonations différentes, des clameurs à faire dresser les cheveux sur la tête des plus braves. Grâce à ce stratagème, nous décuplions nos forces. Et pendant ce temps, Sigha, sa troupe et le bétail, galopaient dans la direction de notre douar. Jusque-là nous avions seulement échangé avec les Issers des coups de feu sans résultat. Mais comme nous demeurions toujours à la même place, nos trouble-fête se doutèrent de quelque ruse, nous approchèrent de plus près, et, à la lueur de branches de pin enflammées, purent nous compter. Figurez-vous quel fut leur désappointement, combien grandes furent leur colère et leur honte, lorsqu'ils s'aperçurent que trois guerriers avaient résisté à trente Issers. Furieux, ils se précipitèrent sur nous, brûlant de venger l'affront sanglant qu'ils venaient d'essuyer.

Nous repoussons cette première attaque. Mais prolonger plus longtemps une résistance aussi désavantageuse, c'eût été folie. D'ailleurs Sigha était déjà loin; c'est pourquoi nous prenons brusquement congé des Issers, et nous nous remettons en route pour le douar sans regarder en arrière.

14

Déçus de l'espoir de nous couper la tête, les Issers, débarrassés, contre leur gré, d'une partie de leur bétail, n'étaient pas hommes à se tenir pour battus. Nous n'avons pas fait un demi-mille, que nous entendons derrière nous un galop formidable. Ce sont nos voisins qui se mettent à notre poursuite avec les chevaux que nous avons eu l'imprudence de leur laisser. Vous pensez bien qu'en rase campagne, il n'est plus question de pistolets et de kandjars : nous sommes trois. Notre vie dépend désormais de nos éperons et du jarret de nos bêtes. Il faut voir comme nous jouons du talon et pressons l'allure de nos coursiers! Ils volent plutôt qu'ils ne courent. Mais les démons acharnés à notre perte sont bons cavaliers, eux aussi. Ils sont aiguillonnés par le désir de la vengeance. Sigha, embarrassé de ses moutons et de ses bœufs, n'avançait pas rapidement; nous l'atteignons bientôt, et lui jetons ces mots : Les Issers! les Issers! Disperse le bétail, nous en sauverons ce que nous pourrons! Et bœufs et moutons d'être chassés dans des directions différentes.

Tu devines le reste. Si les Issers sont vindicatifs, ils ne sont pas moins rapaces. Ils courent sur les animaux écartés, parviennent à les rassembler péniblement; et pendant qu'ils sont ainsi occupés, nous disparaissons dans un bois, gravissons une colline escarpée, et gagnons notre douar, ramenant avec nous dix chevaux, dix-huit bœufs et cinquante moutons. J'ai dit.

Un murmure approbateur accueillit les dernières paroles de Lakdar, et le héros de la maraude se déroba à cette ovation en se réfugiant modestement dans un groupe composé de vieillards. Il fut rappelé par le cheik.

— Tu viens de nous raconter, Lakdar, lui dit Abdallah, dans tous ses détails la course de nuit; mais tu as oublié de nous signaler ceux auxquels nous sommes particulièrement redevables de cette bonne fortune.

— Il me serait difficile de mentionner un des jeunes gens plutôt que les autres. Ce que je puis affirmer, c'est que tous ont fait leur devoir, et que Sigha a dirigé habilement la fuite.

— Et toi ?

— Moi ? Jai été Lakdar, comme toujours.

Cette boutade prétentieuse du chef des maraudeurs termina ce récit épique, et les assistants se retirèrent en commentant diversement cette course brillante et fructueuse qui devait, pendant plusieurs jours, servir de thème aux causeries des femmes, des vieillards et des enfants, aux veillées sous la tente.

Lorsque Julien et Abdallah furent seuls, celui-là rappela le traité.

— Profitons du moment où nous sommes libres, dit le cheik. Voilà tout ce qu'il faut pour écrire. Rédige-moi ça avec clarté, et ensuite nous y apposerons notre signature, toi au nom de la France, moi au nom des Ouled-Naïls. J'ai obtenu leur assentiment, et ce n'a pas été sans peine. Enfin je l'ai emporté.

La rédaction et la lecture de ce document, les additions faites et les changements apportés par le méticuleux Abdallah, la rédaction définitive menèrent les deux négociateurs jusqu'au point du jour. Le cheik, satisfait de s'être créé d'un trait de plume une haute position dans le présent et dans l'avenir, fit au montagnard mille amitiés. L'Ouled-Naïl voulait le garder un jour encore, et le *régaler* d'une chasse au vol.

Julien refusa, alléguant, et avec raison, l'embarras de ses chefs, dont il gênerait les mouvements par une absence prolongée.

Sans différer davantage, l'officier, Goliath et le tambour partirent et arrivèrent dans la matinée au camp français.

Nous aurons occasion dans un chapitre suivant de dire quelques mots de la fauconnerie chez les Arabes, et des inimitiés que la chasse au vol entretient chez les indigènes.

XIII.

AVANT-DERNIÈRE ÉTAPE. — JULIEN LIEUTENANT, PUIS
CAPITAINE, PUIS CHEF DE BATAILLON.

Nous nous apercevons.... un peu tard que nous avons déjà dépassé les limites de ce modeste ouvrage dédié spécialement à l'intéressante population de nos écoles. Nos jeunes lecteurs doivent être désireux d'arriver au dénoûment de cette simple histoire. Dans leur impatience, ils nous accusent sans doute de lenteur. Qu'ils daignent nous pardonner la contrainte imposée à leur pétulance légitime, et considérer que les éléments, étrangers en apparence, introduits dans ce récit tendent à leur éducation et à leur instruction. En se plaçant à ce point de vue, les écoliers nous sauront gré (telle est du moins notre prétention) de leur avoir donné en passant, tout en traçant le beau caractère de Julien, et en leur apprenant à aimer la vertu par la considération du bien que la vertu peut opérer, de leur avoir donné, disons-nous, des notions succinctes sur les coutumes des peuplades arabes dont l'histoire se trouve confondue depuis dix-huit ans avec l'histoire de notre France.

D'ailleurs, pour calmer l'impétuosité bien naturelle de nos jeunes lecteurs, nous leur promettons d'être court.... maintenant. Nous avons à cœur de leur prouver que nous n'avons rien de commun avec l'oiseau tant renommé pour l'intempérance de sa langue. Nous ne sommes pas jaloux de nous attirer le reproche adressé si souvent par les Arabes aux enfants de notre belle patrie; nous allons nous efforcer *d'être un peu moins Français*. Lecteurs, nos jeunes amis, prenez acte de nos paroles. Et à présent revenons à notre récit.

A la fin du chapitre précédent, nous avons laissé au camp français Julien, le tambour et Goliath.

Le premier soin de notre héros, à son arrivée, fut de rendre compte au général N*** de sa mission chez les Ouled-Naïls.

Le général fut on ne peut plus satisfait de cette négociation. Au moyen du traité signé avec Abdallah, la France trouvait des auxiliaires là où peu auparavant elle avait eu à combattre de redoutables ennemis. Et ce qu'envisageait le protecteur du montagnard, ce n'était pas tant le résultat matériel obtenu que l'effet moral produit sur les indigènes par la soumission d'une des plus belliqueuses tribus limitrophes du Maroc. Nous ne serons donc pas surpris des marques non équivoques de contentement prodiguées par le général N*** à l'*élève-diplomate*.

— Tudieu! mon jeune ami, vous avez enlevé cette affaire à la baïonnette! Et comme nous avons été bien inspirés de vous dépêcher au cheik Abdallah! Décidément vous avez pactisé avec la fortune, qui vous conduit doucement par la main à la gloire. Vous avez fait la part assez belle au cheik. C'est égal, vous ne l'avez pas acheté trop cher! Il pouvait mettre à un plus haut prix son concours intéressé, sa bienveillance vénale. Quoi qu'il en soit, vous avez manœuvré habilement et joué serré. Quelle aptitude pratique pour les affaires ! Ah !... mais, j'ai le mot de l'énigme. En servant les intérêts de votre pays, ce qui est d'un noble cœur, vous n'êtes pas fâché d'avancer vos affaires, par des voies honorables, bien entendu ; ce qui est d'un homme prudent et sérieux. Une contre-épaulette sur l'épaule gauche vous semble mal portée ; placée sur l'épaule droite, cette contre-épaulette vous paraîtrait d'un effet plus gracieux (1) ! Allons, allons, ne rougissez pas, nous prendrons bonne note de ce petit détail de toilette militaire, de cette innocente coquetterie.

Le jeune officier était confus de cette louange délicate cachée sous une fine plaisanterie. Il était aussi embarrassé que l'écolier surpris *lisant* sa leçon, au lieu de la *réciter*.

Le général ne voulut pas jouir plus longtemps de son trouble, et il le congédia en l'invitant affectueusement à aller prendre du repos.

Julien s'empressa de profiter de cette permission et se retira, après avoir serré cordialement la main que lui tendait le général.

L'avancement promis au montagnard ne devait pas se faire attendre.

Laissons l'année 1846 achever paisiblement son cours, puisqu'elle n'est marquée par aucun événement important pour notre héros, et arrivons aux premiers mois de l'année 1847.

Le général N*** a tenu parole, Julien a obtenu *le changement de place de la contre-épaulette*. Il est lieutenant. Le général commande toujours le même corps d'armée dont fait partie le régiment du montagnard. Quant à Goliath et au tambour, il

---

(1) Les sous-lieutenants portent la contre-épaulette sur l'épaule gauche les lieutenants sur l'épaule droite.

n'y a rien de changé dans leur position respective; ce sont, en 1847, les deux joviaux garçons que nous savons. Goliath a encore le mot pour rire à l'endroit du tambour; toutefois les facéties du géant éclatent à de plus longs intervalles; il a fait des progrès dans l'exercice de la charité, il travaille chaque jour à devenir un des disciples les plus fervents du réformateur (telle est la qualification décernée par l'armée d'Afrique au jeune officier).

Le traité conclu avec le cheik Abdallah a eu pour conséquence la soumission des autres tribus voisines du Maroc. Ce traité a même influé sur les dispositions du gouvernement marocain; et si cet Etat n'est pas encore un allié de la France, il est réduit par la défection des Arabes, ses anciens amis, à la neutralité, c'est-à-dire à l'impuissance.

Les Kabyles, cantonnés entre Bougie et Sétif, essaient bien de remuer; mais l'agitation ne se propage pas. Les Arabes ont appris ce que leur coûte la rébellion : la destruction de leurs villages, l'enlèvement de leurs troupeaux, les contributions de guerre, la mort de leurs guerriers. Les cheiks ralliés à la cause française (ils sont nombreux, et parmi eux on compte les Arabes les plus intelligents) ont porté le coup de grâce au pouvoir chancelant de l'émir, en accréditant cette croyance : qu'il est dans les destinées des adorateurs de Mahomet de l'Afrique septentrionale de subir la domination française. Les mahométans, enclins par tempérament et façonnés par leur éducation religieuse au fatalisme, s'habituent par degrés à la possibilité d'un asservissement prochain; et s'ils tentent parfois la fortune des combats, c'est en haine des chrétiens, au culte desquels ils redoutent par-dessus toute chose d'être assujettis.

On ne doit donc pas compter comme une campagne la prise d'armes contre les Kabyles établis entre Bougie et Sétif. A l'apparition des troupes aux ordres du général N***, les Kabyles se hâtèrent de réclamer l'aman. A peine y eut-il un léger engagement d'avant-garde, engagement où le lieutenant Julien se distingua une fois de plus.

Après la soumission des Kabyles, le général N*** fut envoyé dans le Dahra contre le chérif Bou-Maza, dont les prédications furibondes causaient une agitation éphémère, dernières convulsions de la révolte.

Le chérif, sentant la puissance lui échapper, cherchait, comme le noyé qui s'accroche aux ronces et aux herbes de la rive, une planche de salut. Cette planche de salut, il espérait la trouver dans la continuation des hostilités. Mais la plupart de ses adhérents, las de guerroyer sans cesse avec désavantage, dégoûtés d'une existence aventureuse et semée de périls, revenaient à des sentiments plus pacifiques, lorsque la parole véhémente de l'agitateur ne se faisait plus entendre, et, au lieu de courir se ranger sous l'étendard du saint marabout, engageaient leurs amis à demeurer tranquilles sous leurs tentes.

Ce désaveu tacite n'échappait pas à Bou-Maza; mais il avait trop d'orgueil pour se l'avouer à lui-même, et pour l'avouer à ses partisans restés fidèles à la cause sainte; ce qui n'empêchait pas cependant la défection de gagner jusqu'à sa smalah. Chaque matin on venait annoncer au chérif la disparition de quelques-uns de ses soldats. Avertissements inutiles ! Le lieutenant d'Abd-el-Kader n'en persévérait pas moins dans ses projets insensés. Les rangs s'éclaircissaient de jour en jour, et, à l'approche des forces françaises, il n'avait plus autour de lui qu'une poignée de fanatiques s'estimant trop engagés pour reculer.

Malgré sa confiance en son heureuse étoile, Bou-Maza ne commit pas l'imprudence d'attendre les ennemis dans la plaine; il gagna les hauteurs du Dahra, et se retrancha dans les régions boisées d'où il comptait ne pas être débusqué.

Le corps expéditionnaire du général N*** avait donc à faire un siége en règle, siége mille fois plus hérissé de difficultés que celui d'une citadelle.

Avant de livrer l'assaut, cet officier supérieur jugea nécessaire de pousser une reconnaissance sur les pentes de la montagne occupée par les révoltés. Le lieutenant Julien fut envoyé avec vingt hommes d'élite pour opérer cette reconnaissance. Sur la demande du montagnard, le tambour et Goliath l'accompagnèrent.

Les premiers escarpements furent gravis prestement; et de soldats du chérif, point.

Parvenus aux régions boisées, le montagnard et ses hommes furent salués par une vive fusillade partie des taillis; ils se jetèrent dans le fourré au pas de course. Les arbres étaient si touffus à cet endroit, qu'il ne leur était pas possible de rien distinguer à leurs pieds.

Tout à coup on entend un bruit sourd paraissant occasionné par la chute pesante de plusieurs corps, puis d'énergiques imprécations poussées par des voix courroucées.

Quelle est donc la cause de ce bruit et de ce courroux? Prêtons l'oreille à la violente sortie de Goliath; le géant se chargera de l'explication :

— Mille tonnerres! les gredins! nous prennent-ils pour des chacals? Nous tendre sournoisement un piége! C'est lâche, c'est petit, c'est infâme! Qui diable se serait douté qu'en posant l'orteil sur ces branches perfides, on allait rouler au fond d'un trou, où l'on a tout juste l'emplacement de son individu, sans pouvoir faire usage ni de ses bras, ni de son fusil par conséquent, ni du *coupe-choux!* Ah! les scélérats! Ils nous ont damé le pion; nous sommes pincés! Nom d'un nom! Je suis moulu! Ma personne est gravement endommagée! Mon torse est compromis sur toute la ligne!...

Le géant n'eut pas le temps d'achever son apostrophe tragi-bouffonne, il sentit sur le cou le froid d'un glaive.

— Lieutenant, s'écria-t-il, sauvez ma tête, ne laissez pas tuer votre dévoué Goliath comme une hyène prise au traquenard.

Julien entendit cet appel suprême. Par un hasard providentiel, il avait évité les basses-fosses avec quelques-uns de ses hommes. Notre héros court au secours de son fidèle Goliath, cloue de son épée contre un tronc d'arbre l'Arabe qui se disposait à couper la tête au géant, et, avant d'avoir pu retirer son arme de la poitrine de l'Arabe mis hors de combat, est environné d'une multitude d'ennemis, frappé, blessé en plusieurs endroits, renversé et foulé aux pieds. Le premier moment de surprise passé, le lieutenant se relève, et, malgré ses blessures, reprend l'offensive. Semblable au lion qui, les flancs déchirés par une balle meurtrière, est plus redoutable au chasseur, notre héros oublie les douleurs aiguës qu'il ressent pour faire payer chèrement aux révoltés un mince avantage dû à la ruse. Par son aide, Goliath est retiré de son puits improvisé; les autres Français, avec l'assistance de leurs frères d'armes, sortent également de leur souricière, selon la pittoresque expression du géant, et les Arabes sont chargés avec furie. Exaspéré par le péril qu'il a couru, le montagnard ne se possède plus; le pommeau de son épée remplit l'office d'une cognée; chaque coup renverse un ennemi, aux bruyants applaudissements de Goliath, criant à se briser la poitrine : « Bravo, lieutenant, bravissimo! Et d'un, et de deux, et de trois! Courage! Bien touché! Tudieu! quelle danse vous faites danser aux Peaux-d'olive! Tiens, en voilà un qui exécute le saut périlleux, il tombe sur la tête! » Et mille autres brocards de cet acabit.

Les Arabes étaient loin de s'attendre à être si chaudement reçus. Ils abandonnent la partie et gagnent leur camp en désordre. Les Français les poursuivent la baïonnette dans les reins. Ce n'est plus une retraite, c'est une véritable chasse, ainsi que le fait remarquer Goliath, qui a oublié sa mésaventure et recouvré toute sa bonne humeur.

Mais son ardeur emporte trop loin la petite troupe victorieuse. Julien s'en aperçoit à temps, et ordonne à ses gens de ne pas aller plus loin. On regagne la plaine en bon ordre; nos braves fantassins n'ont pas de difficultés à retrouver leur route, le chemin est jalonné de cadavres de Peaux-d'olive.

Julien s'est assez approché du camp de Bou-Maza pour juger de l'état des retranchements, et des forces du chérif par le nombre des tentes. Le jeune officier est convaincu que le lieutenant d'Abd-el-Kader n'aura pas la folie d'affronter nos armes. En effet, à peine Julien a-t-il fait son rapport au général, qu'on annonce un parlementaire de Bou-Maza. Cet envoyé est muni de pleins pouvoirs pour traiter de la reddition du chérif. Le soir même, l'émir compte un chef de partisans de moins.

Nul doute que l'admirable élan du détachement aux ordres de Julien n'ait été pour beaucoup dans la décision de Bou-Maza, effrayé de se mesurer, réduit à quelques centaines d'irréguliers (1), avec de si redoutables adversaires.

Dans le courant de cette même année 1847, le montagnard, placé sous les ordres du maréchal Bugeaud, concourut à la pacification de la grande Kabylie (2). Cette expédition fut pour notre héros une nouvelle occasion de mettre en lumière les ressources d'un esprit mûri par une expérience précoce et une bravoure calme et raisonnée, objet de l'admiration des vétérans, officiers et soldats.

---

(1) Troupes indigènes recrutées comme nos gardes nationales.
(2) Partie de la province de Constantine, à l'est de Dellys.

Les services rendus par le montagnard dans cette campagne furent jugés assez importants pour lui mériter l'étoile des braves. Il est vrai de dire que cette récompense, jalousée de personne, payait en même temps les services précédemment rendus.

Il est dans la vie des époques où les grands événements se succèdent pour certains personnages avec un enchaînement qui tient du prodige. Notre héros en est une preuve. Ainsi, en moins de dix mois il a participé à la soumission des Kabyles des cercles de Bougie et de Sétif, à la reddition de Bou-Maza, à la pacification de la grande Kabylie ; partout il a eu le rare bonheur de se tirer de périlleuses positions en se couvrant de gloire. On devrait naturellement s'attendre que l'inconstante Fortune s'éloignât de lui momentanément. Il n'en est rien. L'aveugle déesse semble vouloir épuiser sur lui toutes ses faveurs, et lui réserver l'honneur insigne de clore une année si glorieusement commencée, en jouant un rôle remarquable dans le dénoûment d'un drame qui depuis dix-sept ans fixe l'attention non-seulement de la France, mais encore de l'Europe entière.

Nous avons dit au chapitre XI qu'Abd-el-Kader, abandonné des siens et réduit à l'extrémité, avait été contraint de chercher un asile dans le Maroc. Depuis plusieurs mois l'émir n'a pas quitté cette contrée ; sa situation devient de plus en plus précaire. Le dévouement de ses meilleurs amis s'est lassé, et le fugitif n'a plus auprès de lui que ses femmes, ses enfants et quelques serviteurs, reproche sanglant à l'adresse de ces ambitieux qui assiégent les grands aux jours prospères et les abandonnent dans l'adversité !

L'empereur de Maroc s'inquiète de la présence de cet hôte dangereux ; le monarque a encore présents à la mémoire le désastre d'Isly, le bombardement de Tanger et de Mogador ; il redoute les maux de la guerre, il appréhende une mésintelligence avec la France. Un plus long séjour de l'émir sur le territoire marocain peut amener de graves complications, et Sa Majesté marocaine n'a nullement envie de jouer son trône pour être agréable à un coreligionnaire marqué du sceau de la fatalité; aussi recommande-t-elle à ses agents d'user de toute leur influence pour amener l'émir à s'en remettre à la générosité du gouvernement français.

Nous ne voulons pas assurément révoquer en doute la loyauté de l'empereur de Maroc; nous aimons à croire qu'il eût reculé devant l'idée d'une basse trahison; nous préférons penser que les agents du pouvoir, mus par un zèle exagéré, outrepassèrent leurs instructions; toujours est-il que les instances de ces agents devinrent si pressantes, que le fugitif se trouva dans l'alternative de se rendre ou de fuir un pays où il n'était plus en sûreté.

Il s'arrêta à ce dernier parti. Gagner le grand Atlas, de là s'enfoncer dans le désert et y attendre des temps meilleurs, tel était son but.

Le 21 décembre, Abd-el-Kader se retire dans sa tente à l'heure accoutumée; les feux s'éteignent, et la smalah est ensevelie dans le repos. Sur le minuit, quinze cavaliers sortent à petit bruit d'un parc fermé par une clôture en bois et attenant à l'une des tentes. Ces cavaliers marchent irrésolus dans la direction des montagnes. Peu après ils lancent leurs chevaux au grand trot. Ils vont de ce train une heure et demie environ; ils sont sur le point d'atteindre la frontière. Soudain ils s'arrêtent brusquement; en face d'eux des baïonnettes reluisent dans l'ombre. Nos cavaliers tournent bride, mettent leurs coursiers au galop et reviennent à la smalah.

Ces quinze aventuriers ne sont autres qu'Abd-el-Kader et ses fidèles, en quête d'un nouvel asile; les baïonnettes, cause de leur frayeur et de leur retour subit, sont des baïonnettes françaises.

Comment des soldats français se trouvaient-ils postés juste à l'endroit où devait passer l'émir? Le général Lamoricière a-t-il été prévenu de la fuite d'Abd-el-Kader? La trahison s'est-elle glissée dans la famille de cet homme qui commandait naguère à toutes les tribus de l'Algérie? A ces questions, nous ne pouvons pas répondre. L'histoire se chargera de résoudre ce problème.

Une seconde tentative faite le 22 n'est pas plus heureuse. Et cependant la position de l'émir devient de plus en plus critique, la pression exercée sur lui par les autorités marocaines se manifeste plus impérieuse, la surveillance exercée par les troupes françaises est plus active et plus sévère. Un accord tacite semble s'être établi entre le corps d'observation et les agents de l'empereur de Maroc. Les choses en viennent à un tel point, que l'émir prend la décision de quitter le Maroc à tout prix, et de tout risquer pour échapper à une hospitalité si tracassière et si malveillante.

Peut-être Abd-el-Kader redoutait-il le sort de cet autre champion de l'Afrique, d'Annibal, qui, vaincu, repoussé de ses concitoyens, fugitif, n'échappa à l'hospitalité d'Antiochus (1) que par la fuite et à celle de Prusias (2) que par le poison.

Le 23 décembre, à la chute du jour, le temps se met à la pluie; un épais brouillard enveloppe le ciel et la terre. Vers cinq heures et demie, une grande agitation règne dans le

---

(1) Antiochus III, dit le Grand, conseillé par Annibal, réfugié à sa cour, déclara la guerre aux Romains. Ce prince fut vaincu aux Thermopyles, 191 ans avant Jésus-Christ, et à Magnésie, 190 ans.

(2) Prusias II, ou le Chasseur, roi de Bithynie, accueillit Annibal, et, avec son concours, battit Eumène, roi de Pergame, allié des Romains. Mais, effrayé des menaces de Rome, Prusias consentit à livrer son hôte. Lorsque les gardes de ce monarque déloyal vinrent s'emparer du Carthaginois, ils ne trouvèrent plus qu'un cadavre.

camp français. Les fantassins préparent leurs armes, les cavaliers sellent leurs chevaux ; les officiers des différents régiments se rendent avec empressement auprès du général Lamoricière. Pendant que les troupes font leurs préparatifs, un conseil se tient dans la tente du général ; on y discute la distribution des postes ; chaque officier indique les lieux qu'il pense le plus favorables à une évasion.

Tous les officiers ont parlé ; le général va indiquer les embuscades, lorsque le lieutenant Julien fait observer que, selon son avis, il ne serait pas mal de poster une vingtaine d'hommes au ravin de l'Antilope.

— Il est impraticable à des piétons, et à plus forte raison à des cavaliers, répliquent plusieurs voix.

— J'en demande bien pardon à mes collègues, reprend Julien ; j'ai exploré le ravin de l'Antilope, j'y suis descendu ; les pentes en sont escarpées, j'en conviens, mais j'affirme que des chevaux habilement dirigés peuvent, en tenant le fond, s'en tirer très-bien.

— Ce n'est pas possible, articulent plusieurs officiers ; on ne ferait pas dix pas sur pareille route sans se rompre vingt fois le cou.

— Je maintiens ce que j'ai avancé, réplique le montagnard avec quelque vivacité ; cette route, tout impraticable qu'elle paraisse, peut être adoptée dans un cas extrême, et adoptée précisément à cause des difficultés qu'elle présente. Il est bien certain que si, moi, j'avais à tenter une évasion, je la tenterais par un chemin où je saurais qu'on ne songerait pas à me chercher.

— Vous tenez beaucoup à faire garder le ravin ? demanda le général.

— Beaucoup, général, répondit le lieutenant.

— Eh bien ! il sera tenu compte de votre désir. Vous prendrez vingt hommes, et vous irez vous établir au ravin de l'Antilope. Que tout le monde, messieurs, soit rendu aux lieux assignés à neuf heures au plus tard.

Et le général congédia ses officiers.

A neuf heures, Julien bivaquait sur les bords du ravin. Il tombait une pluie fine et non interrompue, les capotes étaient presque transpercées. En quelques minutes les soldats industrieux se furent improvisé avec des branches d'arbres un abri sinon élégant, du moins commode. Les fusils furent placés de manière à ne pas être en contact avec l'humidité.

Quatre heures s'écoulèrent dans l'attente et dans le silence : il avait été rigoureusement défendu de parler, même à voix basse. Le sommeil sollicitait les soldats ; ils avaient grand'peine à tenir les yeux ouverts.

Vers une heure après minuit, Julien, qui se tenait l'oreille collée contre terre, entendit le sol s'agiter sourdement ; bientôt le bruit se rapprocha et devint plus distinct. Il n'y avait pas à en douter, des cavaliers se dirigeaient vers le ravin. Le montagnard se traîne près du sergent et lui dit :

— Portez-vous sur l'autre bord avec sept hommes ; le caporal Guillaume restera ici, et moi avec cinq hommes j'occuperai le fond du ravin. Mes amis, poursuit l'officier en s'adressant aux soldats, usez de précaution, évitez de faire rouler les pierres sous vos pieds ; descendez et remontez sans donner l'éveil.

Ces paroles avaient été prononcées très-bas.

On distinguait le piétinement des chevaux. Les cavaliers qui s'avançaient ainsi s'étaient engagés dans le lit du torrent formé dans le ravin par les pluies des derniers jours ; et comme en ce moment il y avait peu d'eau, le sabot des coursiers résonnait sur les cailloux. Lorsque le montagnard jugea que les cavaliers étaient à cinquante pas de lui, il cria d'une voix éclatante :

— Qui vive ?

Cet appel resta sans réponse.

— Qui vive? répéta-t-il.

Même silence.

— Qui vive? cria une troisième fois le lieutenant.

Cette dernière interpellation demeure sans effet. Alors l'officier de commander :

— En joue! feu!

Et les balles déchirent l'air de leurs sifflements.

A cette décharge, les inconnus répondent par des gémissements et par ce seul mot, trahison! énergiquement articulé en arabe. Puis les cavaliers font volte-face, pressent les flancs de leurs montures de leurs larges étriers terminés en pointes, et détalent aussi vite que le permettent les accidents de terrain.

Leur précipitation est si grande, qu'ils n'emportent pas leurs blessés ; ces malheureux poussent des cris déchirants arrachés à la douleur.

Il y aurait de l'inhumanité à laisser des hommes souffrir sans leur porter secours. Julien volé auprès des blessés, suivi du sergent et d'un soldat éclairant le chemin avec une torche. A peine notre héros a-t-il aperçu les pauvres diables gisant sur le sol, qu'à l'inspection de leurs vêtements il reconnaît des réguliers de l'émir.

— Alerte! mes amis, profère-t-il vivement ; nous avons affaire à Abd-el-Kader en personne. Nous ne pouvons pas songer à le poursuivre ; mais marchons au moins dans sa direction ; le galop des chevaux nous guidera, et nous donnerons l'alarme en tirant des coups de fusil.

Tous les soldats accourent ; on fabrique des brancards avec les troncs de jeunes arbres, on y étend des branchages et des feuilles sèches, on y place les blessés, et le détachement s'avance sur les traces des fugitifs. Les Français n'ont pas parcouru cent mètres, qu'ils entendent des coups de feu se succédant rapidement, puis le galop des chevaux accourant ventre à terre. Le détachement de Julien pousse un hourra formidable. Les coursiers font une pointe sur la droite du détachement, et le bruit de leurs pieds labourant le sol s'éteint dans le lointain.

A cinq heures du matin, le lieutenant rentre au camp ; il y règne une grande rumeur. De loin, c'est le bourdonnement d'une ruche d'abeilles. Au premier poste le montagnard s'informe de la cause de cette agitation.

— Vous ne savez donc pas la grande nouvelle, lieutenant? dit le sergent de garde.

— Mais non.

— Abd-el-Kader est notre hôte. Il y a trois quarts d'heure au plus, il s'est rendu à un officier et a demandé à être conduit au général Lamoricière.

Avouons-le à la honte de notre héros, à l'annonce de ce grand événement, il ne put se défendre d'un mouvement d'orgueil ; il se dit à lui-même : Si l'ennemi est en notre pouvoir, c'est à moi qu'on le doit. Ce sentiment d'orgueil fut un éclair qui traversa le cerveau du jeune officier, et aussitôt il remercia Dieu de l'avoir choisi, préférablement à tant d'autres plus dignes, pour contribuer d'une manière si efficace à la capture d'un personnage, le plus grand obstacle à la civilisation dans l'Algérie.

Conduit en présence du général Lamoricière, l'émir fut reçu avec tous les égards dus au malheur. Le prisonnier volontaire raconta avec une grande simplicité sa tentative avortée, et avoua que si le ravin de l'Antilope n'eût pas été gardé, il trompait la vigilance du corps d'observation et gagnait les montagnes par cette voie périlleuse dont les moindres détours lui étaient parfaitement connus.

— Je reconnais mon impuissance, général, poursuivit le

vaincu ; il faut qu'Allah te protége, car lui seul a pu te suggérer l'idée de faire surveiller un passage dont la vue seule détourne de s'y risquer l'Européen et l'indigène qui le voient pour la première fois. Je me confie en ta loyauté ; j'ai été à même de l'apprécier en maintes circonstances. Je suis venu vers toi volontairement, librement. Je compte donc que ton gouvernement me traitera, non en vaincu, mais en homme libre, et qu'il n'oubliera pas qu'Abd-el-Kader, trahi, mais non dompté, a pris place de son propre mouvement au foyer de la France.

Le général répondit avec une noble franchise :

— Votre volonté sera respectée ; mon gouvernement, j'en ai l'assurance, s'empressera de ratifier ce que j'ai fait dans l'intérêt de mon pays.

On sait ce qu'il advint. Abd-el-Kader, au mépris de la foi jurée, fut tout simplement traité comme prisonnier de guerre. On lui donna pour résidence le château de Pau ; de là il fut transféré à Amboise. Il était réservé au neveu du vainqueur de Marengo de réparer une grande injustice et de faire honneur à la lettre de change tirée par l'émir sur la probité française, dans la personne du général Lamoricière.

Cependant le général s'empressa d'envoyer un rapport circonstancié de cette grave affaire au gouverneur de l'Algérie. Ce document, écrit avec une louable impartialité, mentionnait en termes chaleureux l'intelligente initiative du lieutenant Julien.

Notre héros fut mis à l'ordre du jour de toute l'armée, et le général Lamoricière, dans une grande revue passée à cette occasion, lui fit entrevoir un avancement prochain.

L'année 1848 ne fut marquée en Algérie par aucun événement remarquable.

Dans le courant de l'année 1849, nous retrouvons le montagnard, devenu capitaine, dans le Zab-Daari (1), aux ordres du général Canrobert, occupé à réprimer plusieurs tentatives d'agression des peuplades sauvages, demi-nomades et guerrières, de cette contrée. La compagnie de Julien est envoyée en novembre au siége de Zaatcha, village fortifié, foyer de la rébellion. Ce village, environné de nombreux palmiers, est défendu par des hommes intrépides décidés à vaincre ou à mourir. Zaatcha est cerné de toutes parts; nos canons foudroient les assiégés et emportent les travaux de défense. L'ennemi refuse de se rendre.

Le 26 novembre, le général fait donner l'assaut par plusieurs brèches pratiquées dans la muraille d'enceinte. Le capitaine Julien dirige sur un des points une colonne d'attaque; sa compagnie est décimée par un feu violent et soutenu; le porte-étendard est tué à ses côtés; le montagnard saisit le drapeau, grimpe sur la muraille, et à travers une grêle de balles le plante sur la brèche.

Cet acte d'héroïsme étonne sans les abattre les défenseurs de la place; ils se laissent massacrer jusqu'au dernier. Les vainqueurs pénètrent dans le village sur des monceaux de cadavres tenant encore à la main l'arme qu'ils n'ont pas abandonnée à l'heure suprême.

En janvier 1850, le capitaine Julien se trouve, toujours sous le commandement du général Canrobert, devant Narah (2), bourgade fortifiée de l'Aurès (3). Cette place, longtemps réputée imprenable, est emportée le 5 du même mois.

---

(1) Zab-Daari, cercle de la province de Constantine.

(2) Bourg fortifié de la province de Constantine, sur un affluent de l'Oued-Abdi.

(3) Aurès, chaîne de montagnes, court dans la province de Constantine, se détache à 150 kilomètres de la capitale de cette province, dans le Zab, et se prolonge à l'orient dans la régence de Tunis.

Après la prise de Narah, le montagnard est détaché au corps d'armée du général Barral et dirigé sur le Sahel (1) de Sétif, en révolte ouverte. Ce pays fait sa soumission à l'apparition des troupes françaises.

La petite Kabylie (entre Collo et Djigelli) se soulève en 1851. Ce soulèvement nécessite une expédition confiée au général Saint-Arnaud, à laquelle concourt le régiment de Julien. Cette contrée est soumise après une campagne laborieuse, et notre héros acquiert de nouveaux titres à la bienveillance du gouvernement. Mais cette pacification apparente se traduit l'année suivante (1852) par une insurrection de la partie orientale de ce pays (à l'est de Collo), laquelle insurrection amène l'intervention du général Mac-Mahon, qui n'a qu'à se montrer pour faire tout rentrer dans le devoir. Là encore nous rencontrons le montagnard.

Cette même année 1852 est encore marquée par quatre actions d'éclat dans lesquelles notre héros joue un brillant rôle : la répression rapide des tribus soulevées à la voix du chérif Bou-Bagla, la réduction définitive du Djurjura par les généraux Camou et Pélissier, la prise de Laghouat (2), et la soumission d'Aïn-Mahdy.

En 1854, à la suite d'une campagne contre le Sebaou et après la reddition de Tuggurth, Julien est promu au grade de chef de bataillon.

Ce fut dans une tournée aux environs de Tuggurth que notre héros recueillit sur la fauconnerie chez les indigènes des

---

(1) Sahel (*côte, rivage*), mot arabe par lequel on désigne, depuis la conquête de l'Algérie, des chaînes de collines, particulièrement celles qui s'étendent au sud-ouest et à l'est d'Alger, au nord de la vaste plaine de la Mitidja.

(2) Ville de la province d'Alger, le poste le plus avancé dans le sud de cette province, et comme la capitale du désert.

renseignements que nous nous faisons un plaisir de livrer à nos lecteurs.

Cette ville occupée, le montagnard fut délégué par l'autorité militaire pour la perception du tribut. Dans un douar, il se lia avec un caïd (1), du nom d'Abd-el-Moumen. Ce caïd (il désirait obtenir un commandement), pour faire sa cour à l'officier français, l'invita à une chasse au faucon. Ce dernier n'eut garde de répondre à cette politesse par un refus. Le jour convenu, Julien arriva chez Abd-el-Moumen avant le lever du soleil. Tout était prêt. Une trentaine de cavaliers, montés sur de magnifiques chevaux, étaient rangés devant la tente du caïd. Bon gré mal gré, Julien se vit forcé, écuyer novice, d'enfourcher un coursier, le plus docile des écuries de l'ordonnateur de la fête.

Les chasseurs partirent, menant leurs montures d'un train qui inquiétait le fantassin sur les suites de son début dans l'équitation ; il put néanmoins, grâce à la modération de l'animal, trop courtisan pour désarçonner un représentant de la France, arriver sain et sauf à une plaine immense choisie pour le théâtre de la chasse.

Les cavaliers se mirent aussitôt à battre la plaine. Bientôt une compagnie d'outardes s'envola devant eux. Alors les faucons furent débarrassés de leurs capuchons et successivement lâchés. La vue des faucons sembla donner des ailes aux outardes, et elles tirèrent de vigoureuses bordées. L'une d'elles, séparée de la compagnie et attaquée avec acharnement par les oiseaux chasseurs, prit son vol vers les régions supérieures, afin de les maintenir au-dessous d'elle ; c'était sa seule chance de salut. Pendant quelques instants cette manœuvre lui réussit ; mais les faucons, impatientés par le retard apporté à leur

---

(1) Sorte de juge chez les Arabes.

triomphe, poussèrent des cris aigus et prirent un grand parti. Ils parurent planer pendant quelques secondes, puis, montant verticalement avec la rapidité d'une flèche, ils dépassèrent considérablement l'outarde. Dès lors c'en fut fait de l'oiseau chassé ; il chercha bien par un vol heurté et oblique à dérouter ses ennemis ; ce fut en vain. Les faucons manifestaient leur impatience par des cris brefs et perçants. Soudain ils semblèrent immobiles au-dessus et à quelques mètres en avant de l'outarde, puis ils se laissèrent tomber comme une masse de plomb sur l'oiseau à bout de forces. Moins d'une minute après, au milieu du cercle décrit par les cavaliers s'abattaient lourdement faucons et outarde, cette dernière la tête toute déchiquetée à coups de bec et à coups d'ongles.

Les vainqueurs furent arrachés à grand'peine de dessus le cadavre de la victime, encapuchonnés et replacés sur l'épaule des oiseleurs. La chasse ainsi inaugurée promettait d'être intéressante.

La battue continua.

Un peu plus loin, un lièvre fut lancé. Les cavaliers se déployèrent dans la plaine de manière à envelopper l'agile quadrupède, et manœuvrèrent afin de rétrécir la circonférence en se rapprochant les uns des autres. Il fallait voir comme le pauvre animal se démenait dans ce cercle, bondissant de tous les côtés, cherchant une issue qu'il ne pouvait trouver, revenant sur lui-même. Épuisé par cette course désordonnée, il se rasa tout haletant. Apercevant les faucons qui venaient d'être lâchés, il se réfugia sous le ventre des chevaux, et ne quitta pas sa retraite, quoi qu'on pût faire pour l'en chasser. Ce furent alors des cris assourdissants poussés par les faucons, qui, ne pouvant pas fondre sur leur proie horizontalement, exprimèrent bruyamment leur colère, tantôt volant au-dessus, tantôt autour des chevaux protecteurs. Pour mettre fin à l'agonie du lièvre, un cavalier mit pied à terre, saisit l'animal terrifié, et le lança aussi loin qu'il put. Avant que l'animal songeât à se relever, les faucons lui donnèrent le coup de grâce.

Un orage, qui éclata fort mal à propos, mit fin à cette chasse remplie d'intérêt.

De retour au douar, Julien complimenta le caïd sur l'adresse et le courage de ses faucons.

— Ce que tu as vu aujourd'hui n'est rien, répondit Abd-el-Moumen d'un air suffisant; si la pluie ne nous eût pas dérangés, tu aurais assisté à une battue générale.

— Tu as beau dire, reprit le montagnard, je suis émerveillé de ce que tu peux obtenir d'oiseaux de si petite taille.

— C'est que mes faucons sont supérieurement affaités (1). Mon vol est confié à un oiseleur habile. J'ose avancer, sans y mettre d'orgueil, que tu parcourrais toutes les tribus sans rencontrer des oiseaux se conduisant mieux dans une chasse.

— Tu as une manière de chasser très-productive. Seulement ton procédé est trop destructeur. Je m'étonne que tu trouves du gibier.

— Tu t'imagines sans doute que la fauconnerie est du domaine de tout le monde?

— Assurément, et c'est ce qui fait que je ne m'explique pas comment tu rencontres une seule outarde, un seul lièvre !

— Grande est ton erreur. Chez nous, la chasse au faucon est le privilége des grands et des forts; pour la pratiquer, il faut nécessairement être issu de famille noble, ou tout au moins avoir fait ses preuves à la guerre. Les richesses et le pouvoir ne donnent pas droit de se livrer à l'art de la fauconnerie; et

---

(1) Terme de fauconnerie qui signifie dresser.

celui qui se mêlerait d'affaiter des faucons, s'il n'est pas un peu noble ou réputé brave parmi les braves, s'exposerait à être raillé et même molesté, eût-il les piastres et les pierres précieuses d'un joaillier juif, l'autorité d'un cheik, d'un caïd ou d'un chérif.

— Chez vous comme chez les Européens, il y a des distinctions sociales. Les nobles s'octroient un plaisir princier qu'ils dénient aux petits, aux gens du commun ; en sorte que le roturier qui empiète sur votre privilége est tourné en ridicule. C'est un peu cela chez les peuples civilisés. Mais j'aime à croire que dans ce cas, au sein de vos tribus comme en France, le roturier qui veut singer les grands et les forts en est quitte pour quelques brocards.

— Tu te trompes encore ; nous sommes plus jaloux que cela des priviléges attachés à la naissance et à la bravoure. Un fait suffira pour t'en convaincre.

L'année de la poudre (1), un certain Bil-Eouchet, homme de basse extraction, créature du dey, alla exercer les fonctions de caïd dans la tribu des Mahatlah. Ce Bil-Eouchet fut accepté avec répugnance. Mais le dey était redouté ; on se contenta de murmurer tout bas. Le parvenu ne faisait rien pour gagner les cœurs ; il affectait des airs de hauteur qui blessaient profondément les gens de race et les vieillards. Un jour, il lui vint en tête d'avoir un vol. Il fit venir de loin et à grands frais un oiseleur ; car pas un Mahatlah n'avait consenti à affaiter des faucons pour le caïd. Notre homme se montra bientôt en pompeux équipage, se faisant précéder de ses faucons, portés par des cavaliers de bonne mine, somptueusement vêtus, richement armés et équipés. Un cheik voisin, personnage d'une naissance illustre, dont les aïeux

---

(1) L'année 1830, pendant laquelle fut faite la conquête de l'Algérie.

avaient servi de leur épée les Almohades (1), jura de châtier l'insolence du caïd orgueilleux.

Un soir, il y avait grande réjouissance sous la tente de Bil-Eouchet; les faucons avaient fait merveille, et le caïd festoyait le gibier en compagnie de commensaux étrangers; car le plus humble des Mahatlah et des tribus environnantes eût rougi de s'asseoir à sa table. Tout à coup la tente est envahie par le cheik, le caïd et les convives sont étranglés à petit bruit avec des cordes de chameau, et leurs têtes disposées avec ordre sur les bords d'un plat de couscoussou tout fûmant.

Le lendemain, les Mahatlah, à leur réveil, apprenaient la mort tragique de leur caïd et la disparition de son bétail.

— Vous êtes entêtés de vos prérogatives, je m'en aperçois. En Europe, nous ne poussons pas les choses si loin.

— Les cheiks français permettent donc aux classes inférieures la noble chasse au faucon?

— Cette chasse n'est plus usitée dans ma patrie; et le fût-elle, que la noblesse laisserait paisiblement les roturiers s'y livrer, par la raison toute simple que tous les citoyens français jouissant de leurs droits civils et capables de payer un port d'armes peuvent chasser en toute liberté.

— Chez toi alors la noblesse est dégénérée, ou plutôt il n'y a pas de noblesse.

— A mon tour de te dire : Tu te trompes. En France, il y a des nobles, et des nobles d'origine différente : nous reconnaissons une noblesse de race, une noblesse de fortune, une noblesse de talent, une noblesse de génie; seulement nos mœurs ne sont pas les vôtres : à nous la civilisation et la

---

(1) Almohades, secte et dynastie de princes maures, possédèrent l'Espagne et l'Afrique occidentale au xiie et au xiiie siècle.

liberté avec l'ordre ; à vous la barbarie et le despotisme avec une licence effrénée.

Et là-dessus Abd-el-Moumen et Julien se séparèrent, celui-là peu édifié sur cette liberté de chasse accordée indistinctement à tous les sujets d'un Etat, celui-ci attristé de la démoralisation d'un peuple faisant assez peu de cas de l'existence humaine pour la briser violemment sous le prétexte le plus frivole.

XIV.

COUP D'ŒIL RÉTROSPECTIF. — RETOUR A CAUTERETS.

Nous sommes au commencement de l'année 1855. Près de quatorze ans se sont écoulés depuis le jour où Julien a obtenu, après un rude combat livré à la délicatesse de Mathurine, de son vieil époux et de leur fils Joseph, la faveur de remplacer ce dernier. Notre héros a vu s'accomplir la prophétie faite, à son départ de Marseille, par l'honnête cordonnier, son hôte de vingt-quatre heures ; l'ancien pâtre est devenu officier, et officier supérieur ; sur sa poitrine brille l'étoile des braves. Sa bonne action a été récompensée ; en échange de sa liberté, dont il a fait noblement le sacrifice pour conserver à deux vieillards un fils, leur unique soutien, il a moissonné des lauriers et contraint la gloire à le venir chercher dans la foule, lui l'humble enfant des montagnes. C'est que des sentiments purement humains n'ont pas dicté sa conduite au remplaçant de Joseph. Toutes ses actions ont été rapportées à Dieu. Jugeons-en par ce qu'il a fait.

D'abord il se fait soldat sans ambition aucune, mu par le seul désir d'assurer l'existence de deux vétérans du travail. Passager sur le *Vulcain*, par son sang-froid et son énergie, par sa confiance en Dieu, confiance qu'il communique à ses compagnons d'infortune, il empêche une épouvantable catastrophe. Guerrier novice, il donne l'exemple de la plus complète obéissance aux ordres de ses chefs, et du respect le plus aveugle aux prescriptions de la discipline. Sous-officier, il fait une guerre acharnée à un préjugé barbare invétéré dans l'armée, au duel, cet assassinat quasi légal, ce contre-sens révoltant de ridicule et de cynisme à une époque de civilisation, cet outrage cruel à la raison humaine ; sous-officier encore, il épure les mœurs du soldat, mœurs trop relâchées, produit d'une éducation première trop facile et de la licence des camps ; il fonde dans son régiment une sorte de société de tempérance qui recrute des prosélytes dans tous les corps cantonnés en Afrique ; il cicatrise en partie, s'il ne guérit pas entièrement, une des plaies les plus hideuses de l'armée, l'ivrognerie, cette pierre d'achoppement du soldat, cet obstacle insurmontable à son avancement, cet écueil de la discipline. Simple sergent, il ouvre, sous le patronage de son colonel, un cours destiné aux jeunes soldats entièrement privés des bienfaits de l'instruction, puis un autre cours pour ceux de ses compagnons d'armes qui sont désireux de développer des connaissances élémentaires acquises au foyer de la famille, et par ce moyen entretient une noble émulation en rendant le grade d'officier accessible à un plus grand nombre. Jaloux de servir les intérêts spirituels en même temps que les intérêts temporels de ses camarades, Julien transforme son cours en un enseignement chrétien. A la caserne, le soldat a oublié la prière que lui a apprise sa mère en le berçant ; le monta-

.gnard, par des arguments puisés aux sources de la plus vive affection, rend le soldat à lui-même en l'amenant à confesser l'utilité de la prière, en l'amenant à prier, après l'avoir délivré des chaînes du respect humain. Le jeune sergent, enfin, fait aimer la pratique de la charité à des natures égarées plutôt que perverties, et contribue ainsi à introduire dans l'armée les sentiments d'une véritable fraternité, à atténuer les préventions des Arabes contre leurs vainqueurs, et à faciliter la solution de ces deux problèmes si ardus : la pacification et la civilisation de l'Algérie.

Ces inappréciables services rendus à l'armée, au pays et aux indigènes, sont récompensés d'une manière éclatante. Le montagnard est reconnu digne de commander à ces soldats pour lesquels il a tant travaillé.

Devenu officier, il ne se croit pas quitte envers sa patrie; il veut justifier son élévation. Sur les champs de bataille, dans les négociations, il dépense tout ce qu'il a de force, de courage, d'énergie, d'intelligence, afin de prouver qu'il est digne des faveurs dont il est l'objet, sans perdre de vue toutefois, en poursuivant le triomphe de sa cause, nous pourrions dire la cause de l'humanité, que les Arabes sont des hommes, qu'ils ont droit à des égards, qu'il faut les vaincre surtout pour eux-mêmes, ouvrir leurs yeux à la lumière, et les faire entrer un jour dans le concert des nations sorties des ténèbres de la barbarie.

Aujourd'hui le remplaçant de Joseph, chef de bataillon, revêtu du glorieux insigne de la Légion d'honneur, aspire à prendre quelques mois de repos, achetés au prix de quatorze années de labeurs pénibles, de dangers sans cesse renaissants, de nobles sacrifices renouvelés chaque jour.

Il soupire après la terre natale, après ses chères montagnes, auxquelles son imagination prête des aspects plus séduisants ; il a besoin d'aller se retremper aux lieux où s'écoulèrent doucement ses jeunes années, et se préparer, athlète abandonnant momentanément l'arène, à de nouvelles luttes, à de nouvelles fatigues, à de nouveaux travaux.

Le ministre de la guerre s'empresse d'exaucer un vœu si légitime, et Julien obtient un congé de six mois.

Préparons-nous à quitter l'Afrique avec notre héros et à dire adieu aux populations arabes que nous ne reverrons plus.

Muni de son congé, le montagnard s'embarqua pour la France aussitôt que les exigences du service le permirent. Après une traversée de quarante-huit heures, il prit terre à Marseille, à ce même port d'où, quatorze ans auparavant, il était parti riche d'espérances, mais pauvre d'argent, avec un mince bagage au milieu duquel était enfouie l'épaulette à graine d'épinards. En pressant à son départ la main du cordonnier du vieux Marseille, son digne hôte, Julien lui avait dit : « Si jamais je repasse par votre ville, ma première visite sera pour vous. »

En mettant le pied sur le sol français, le chef de bataillon se ressouvint de la promesse faite par le conscrit. Il s'achemina donc vers le dédale de rues étroites et obscures qui avaient naguère attristé ses regards, quand, le havre-sac sur le dos, il cherchait son logement.

Depuis lors les choses avaient bien changé à Marseille. La cité du moyen âge avait secoué ses haillons et s'était parée, la coquette, d'élégantes et gracieuses constructions modernes, tant la génération qui s'agite sur la terre met d'empressement à détruire les œuvres léguées par les âges précédents. Est-ce un bien? est-ce un mal? Aux artistes, aux poëtes, aux spéculateurs, aux industriels de décider. Donc le montagnard, tant bien que mal servi par ses souvenirs, se dirigeait vers la demeure de l'adepte de Saint-Crépin, du joyeux compère, grand partisan de la *bouillabaisse*.

Mais notre héros en était à se demander si cette parole de l'Evangile : « Cherchez, et vous trouverez, » devait être prise à la lettre ; il cherchait depuis longtemps et ne trouvait pas ; il se demandait s'il ne rêvait pas, si ce qu'il voyait n'était pas un tableau magique des *Mille et une Nuits.* Il marchait toujours, et l'habitation de son hôte n'apparaissait pas ; enfin, il se décida à prendre le parti le plus sage, c'est-à-dire à demander. On lui montra une petite maison, toute proprette, située au milieu d'une rue alignée avec une symétrie géométrique. Julien alla frapper à cette maison. Un homme en costume d'ouvrier, le tablier de cuir s'étalant sur l'abdomen et les manches retroussées jusqu'au coude, vint lui ouvrir.

— Entrez, entrez, mon commandant, fit l'ouvrier ; à quoi dois-je l'honneur de votre visite ?

— A une promesse que je vous ai faite, répondit Julien.

— A une promesse que vous m'avez faite ? Je n'y suis pas du tout.

— Ce que je vous dis est pourtant l'exacte vérité.

— A une promesse que vous m'avez faite ?... Mais quand ?

— Dame ! ce n'est pas d'hier.

— Il y paraît bien ; car, pour moi, je ne me le rappelle nullement.

— J'en ai conservé la mémoire, moi ; et à cela il n'y a rien d'étonnant, puisque je suis votre obligé.

— Vous piquez ma curiosité au dernier point. Venez au fait. De quand date votre promesse ?

— De quatorze ans, de 1841.

— Oh ! oh ! vous avez bonne souvenance, mon commandant ?

— Eh bien ! y êtes-vous à présent ?

— Pas précisément. Il y a bien quelque chose là (et ce disant, le cordonnier se frappait le front), mais c'est si vague, si confus, que....

— Vous ne trouvez pas, n'est-il pas vrai ?

— Bien dit. Voyons, soyez généreux, tirez-moi d'embarras; je n'y pourrais pas tenir plus longtemps, ma tête éclaterait. Vous ne voudriez pas avoir mon trépas sur la conscience ?

— Assurément. Aussi, pour épargner à vous et à moi ce malheur, je vous viens en aide. C'était en 184.. Vous n'habitiez pas cette maison.

— C'est vrai. En 184., j'occupais mon bouge du vieux Marseille.

— C'est ce qui m'a fait vous chercher si longtemps. Aussi je n'avais garde de vous trouver dans la vieille ville.

— Mais j'y suis toujours dans la vieille ville.

— Allons donc, vous plaisantez. Vous avez changé de quartier.

— En aucune façon. C'est le quartier qui a changé de face. La maison que j'occupe actuellement est située sur l'emplacement de mon ancien bouge. Voilà ce qui occasionne votre erreur. Effet d'une longue absence.

— C'est égal, j'ai peine à me rendre à l'évidence. Enfin, il faut bien que je vous croie. C'était donc en 184.. Un jour, par un splendide mais trop chaud soleil de votre Provence, un conscrit, pourvu d'un billet de logement, vint vous demander l'hospitalité.

— Attendez.... La mémoire me revient.... C'est cela. Le conscrit était épuisé de fatigue.... Il accepta sans façon mon modeste dîner.... Je l'étourdis d'une crâne bouillabaisse.... Le lendemain, il alla visiter la rade et les monuments de notre Marseille. Tron de l'air! Touchez là!... Ah!... mais je vous demande bien pardon.... J'oublie que vous n'êtes plus conscrit.... L'épaulette....

— Oui, mon brave et digne hôte, les épinards ont poussé sur mon épaule. Il n'en pouvait pas être autrement, vous aviez prophétisé que je reviendrais officier, et je tenais essentiellement à ne pas mettre en défaut votre science dans les choses de l'avenir.

— Mais, mon commandant....

— Ne soyez pas cérémonieux, vous m'affligeriez; touchez là.

— Puisque vous le voulez absolument, dit le cordonnier en étreignant cordialement la main du montagnard, j'accepte de bon cœur. Ce que vous faites là me fait du bien, allez. Vous n'êtes pas fier, vous, au moins ; la prospérité ne vous a pas rendu orgueilleux. Tant mieux pour vous, le bon Dieu vous en tiendra compte. Puisque vous me permettez d'en user avec vous comme autrefois, accordez-moi la faveur de vous régaler d'une bouillabaisse.

L'estomac de Julien se rappelait le fameux ragoût provençal.

— Chacun à son tour, mon hôte. Vous m'avez régalé à mon départ, à moi de vous traiter à mon retour. Nous dînons ensemble à mon hôtel. A ma prochaine visite, je viendrai vous demander à souper sans cérémonie.

— Vous l'exigez, j'accepte. J'aurais tout de même préféré vous avoir à ma table. La bouillabaisse....

— Il faut réserver ce mets splendide pour notre prochaine entrevue. Il en est de la bouillabaisse comme de la louange ; si on la prodigue, elle perd de son prix.

L'honnête cordonnier se rendit à l'invitation du chef de bataillon. Pendant le repas, la conversation roula sur les affaires du Marseillais ; sans être précisément mauvaises, elles n'étaient pas brillantes ; les vivres, les loyers étaient chers à Marseille ; l'ouvrage ne manquait pas, mais la concurrence réduisait le salaire à un chiffre minime.

Julien prit bonne note de cet aveu obtenu dans un moment d'expansion, et, lorsqu'après le dîner il reconduisit son commensal à sa demeure, quelques pièces d'or furent déposées furtivement dans une soucoupe placée sur la cheminée.

Bien qu'humanisé par de copieuses libations d'un vin généreux, le brave cordonnier aurait refusé cette aumône déguisée ; et eût-il été homme à ne pas refuser, que Julien, auquel n'était étrangère aucune délicatesse de cœur, se fût fait un scrupule de donner ouvertement, avec ostentation pour ainsi dire, et de contraindre par là son obligé à avouer son infériorité par le témoignage de sa reconnaissance. Le montagnard comptait avec la faiblesse humaine ; il savait que la gratitude est difficile et qu'un service humilie celui auquel il est rendu.

Le moment de la séparation fut pénible et pour Julien et pour le cordonnier. Celui-là avait pu apprécier la probité, les sentiments pleins de noblesse cachés sous la dure écorce de l'artisan ; celui-ci, rempli d'admiration pour la simplicité de ce favorisé de la fortune qui avait daigné, aux jours prospères, se ressouvenir d'un *homme de rien*, lui avait voué une amitié enthousiaste d'autant plus sincère et durable qu'elle était plus spontanée. Aussi, lorsqu'ils furent arrivés au bureau des Messageries, où le Marseillais avait voulu accompagner le montagnard, et que ce dernier se fut, après une énergique poignée de main donnée et reçue, jeté dans la voiture qui allait l'emporter vers les Pyrénées, un observateur de cette scène eût vu les yeux du cordonnier voilés de pleurs et une larme silencieuse glisser sur la moustache du soldat.

— Au revoir, mon commandant ! dit d'une voix étouffée le cordonnier.

— Adieu, mon digne hôte ! articula péniblement l'officier.

Et la lourde voiture s'ébranlant, tirée par cinq vigoureux chevaux, roula pesamment sur le pavé et disparut bientôt à l'angle d'une rue.

Julien était déjà loin, que le cordonnier était encore à la même place, les yeux fixés sur la route de Montpellier.

Franchissons la distance qui nous sépare de Cauterets, et, sans nous arrêter à Tarbes, où notre héros délivra le colonel N*** des mains de Tape-Dur, arrêtons-nous à la porte de la chaumière de Mathurine.

La nuit descend du sommet de la montagne dans la vallée ; un faible crépuscule éclaire la base du géant de granit et prête aux objets une forme indécise et fantastique ; les troupeaux, revenant du pâturage, agitent joyeusement leurs clochettes, et l'airain qui se balance au faîte de la maison de Dieu tinte mélancoliquement l'*Angelus*.

Un homme, enveloppé d'un ample manteau, se tient immobile près de la modeste maisonnette et essaie d'introduire, par la porte entr'ouverte, son regard dans l'intérieur.

Les habitants de la chaumière sont agenouillés ; le vieillard redit avec recueillement la prière du soir, Joseph et Mathurine unissent pieusement leurs voix à celle du chef de la famille. Après une invocation à la Vierge, l'époux de Mathurine fait entendre ces paroles :

« Mon Dieu, répandez vos bénédictions sur l'homme généreux qui a conservé à ma vieillesse mon unique enfant ; faites, Dieu de toute justice, qu'une si noble action ne soit pas stérile ! Puisse notre bienfaiteur échapper aux nombreux périls qui menacent son existence ! Puisse-t-il trouver sur la terre étrangère paix, bonheur, gloire, richesse, et, après sa mort, une place dans votre paradis ! »

— *Amen*, répondit l'homme au manteau en entrant.

Mathurine, Joseph et le vieillard se retournèrent vivement.

— Veuillez m'excuser si je vous trouble dans vos exercices de piété, continua l'inconnu ; j'arrive à Cauterets, et je me suis arrêté à la première chaumière qui s'est offerte à ma vue pour demander l'hospitalité.

— Qui que vous soyez, reprit le vieillard, soyez le bienvenu. Et s'adressant à sa femme : Mathurine, prépare quelque chose ; monsieur doit avoir besoin de prendre de la nourriture.

— Mille grâces, honnête vieillard, j'ai soupé à Pierrefitte (1).

— Mais au moins vous vous rafraîchirez, fit Joseph ; vous paraissez fatigué.

— Pas le moins du monde. J'ai laissé ma voiture au dernier relais, et je suis venu tout doucement à pied jusqu'ici. En ce moment, je n'ai besoin de rien.

A la lumière de la lampe allumée par la ménagère, l'étranger examinait les habitants de la chaumière.

L'époux de Mathurine semblait supporter sans effort les quatorze années qui avaient complétement blanchi sa tête vénérable ; la bonne femme, elle, était plus cassée ; cependant elle était encore alerte pour son grand âge. Quant à Joseph, c'était un vigoureux garçon doué de cette exubérance de force, trait caractéristique de la fin de la jeunesse et du commencement de la maturité.

— Asseyez-vous, monsieur, dit Joseph ; le chemin de Pierrefitte à Cauterets n'est pas long, mais il est pénible.

L'inconnu se plaça sur un escabeau. Mathurine, son époux et son fils s'assirent également.

— Vous êtes étranger à notre pays, monsieur? demanda Mathurine.

— Pas précisément, répondit l'homme au manteau.

— Vous venez de loin ?

— Oh ! de bien loin !

— Pour rétablir votre santé à nos sources bienfaisantes?

— Je ne me suis jamais si bien porté.

---

(1) Village à 10 kilomètres de Cauterets, sur la route de Tarbes.

— Vous êtes amené alors dans nos montagnes pour des affaires de commerce peut-être ?

— Je ne suis rien moins que commerçant.

— Mathurine, fit le vieillard, visiblement impatienté, tu fatigues monsieur de tes questions indiscrètes.

— Les questions de la bonne Mathurine ne me fatiguent en aucune façon, repartit l'inconnu ; ce sont simplement des marques d'intérêt dont je lui sais gré. Et vous, Mathurine, ne prenez pas cet air affligé, vous me feriez de la peine. Je veux répondre à la bienveillance que vous me témoignez ; je ne suis pas malade, je ne suis pas commerçant, je suis soldat.

En achevant ces mots, l'inconnu s'était débarrassé de son manteau.

A la vue du brillant uniforme de l'officier, Joseph, Mathurine et le vieillard se levèrent avec respect.

— Obligez-moi de vous rasseoir ; j'ai longtemps à causer avec vous, fit l'officier.

Les habitants de la chaumière obéirent avec répugnance à cette invitation.

— Vous ne me reconnaissez pas ? demanda le soldat d'une voix rendue tremblante par une vive émotion. Mes traits ont bien changé, n'est-ce pas ?... Cependant les vôtres sont toujours restés gravés dans mon cœur....

— Julien ! s'écria Joseph en se précipitant dans les bras de l'officier, Julien !

— Julien ! Julien ! s'écrièrent Mathurine et le vieillard, couvrant de baisers et arrosant de larmes abondantes, larmes de joie et de bonheur, les mains de leur bienfaiteur, de l'ange gardien de la chaumière.

— Oui, Julien, dit le soldat, lorsqu'il put recouvrer l'usage de la parole, Julien qui revient vers vous pour vous remercier de l'avoir fait ce qu'il est, Julien qui retrouve, après une longue absence, sa famille d'adoption, famille dévouée qui remplace celle que Dieu a appelée au ciel. Oh! combien je suis heureux, mes bons amis! Ce moment délicieux me paie avec usure des épreuves sans nombre auxquelles j'ai été soumis, des amertumes dont j'ai été abreuvé à mes premiers pas dans la carrière militaire, où pourtant j'ai su conquérir tout d'abord de zélés protecteurs; de mon sang versé pour défendre le drapeau national! Un père, une mère, un frère m'ouvrent leurs bras. C'est plus que je n'avais espéré. Merci, mon Dieu, merci pour toutes les faveurs dont vous me comblez! Je m'en reconnais indigne; je ne puis que m'humilier devant votre providence et laisser déborder de mon âme les sentiments de profonde gratitude que je ne peux contenir!

Et les habitants de la chaumière et le montagnard, confondus dans une commune étreinte, souriaient à travers leurs larmes.

Ces instants de sainte ivresse sont bien courts dans l'existence humaine; Dieu en a restreint la durée, parce que notre faible nature ne pourrait pas supporter longtemps de si fortes commotions (la joie tue comme la douleur), et aussi parce que les jouissances pures et ineffables du cœur attacheraient trop étroitement l'homme à la terre, si elles étaient prolongées, et lui feraient perdre de vue le but de son pèlerinage.

Lorsque nos personnages furent redevenus calmes, les questions se multiplièrent de la part de Mathurine, et Julien, nonobstant les lettres fréquentes qu'il avait adressées d'Afrique à ses parents adoptifs, dut raconter tous les événements de sa vie de conscrit et de soldat, depuis son départ de Cauterets jusqu'à son retour. L'excellente femme ne lui fit grâce d'aucun détail; le vieillard et Joseph ne prêtèrent pas une moindre attention au récit de cette épopée militaire.

— Bon Dieu! s'écria Mathurine, quand Julien eut cessé de parler, l'avez-vous souvent échappé belle! Rien que de penser à tous les dangers que vous avez courus, je tremble d'effroi!

Pourquoi aussi étiez-vous toujours le premier en avant? C'était tenter la Providence! Et dire que tout cela, vous l'avez accompli à cause de nous; que ces fatigues inouïes, vous les avez supportées à la place de Joseph; que ce sang que vous avez versé, notre fils aurait dû le répandre; que ces blessures qui sillonnent votre corps étaient réservées à notre enfant! Oh! tenez, je ne vivrai jamais assez pour vous témoigner toute ma reconnaissance!

— Ne parlons plus de cela. Nous ne pourrions jamais nous entendre. Vous vous prétendez mes obligés, mes bons amis, et moi je crois vous devoir beaucoup. Je pense aujourd'hui comme il y a quatorze ans, et cela avec juste raison; car si je suis aujourd'hui officier supérieur, à qui le dois-je? Si je n'avais pas remplacé Joseph à l'armée, je serais pâtre comme auparavant. N'intervertissons pas les rôles, je vous prie; vous avez été l'occasion, moi j'ai été l'instrument, Dieu a été la cause de ma fortune.

— Tout ça c'est très-bien, reprit le vieillard, mais vous ne pourrez pas m'empêcher de dire que, sans votre dévouement, ma pauvre Mathurine et moi nous risquions de mourir de faim ou de tomber à la charge d'autrui, sans compter le chagrin d'une cruelle séparation.

— Vous y tenez? Soit. Permettez-moi de vous questionner à mon tour. Vous avez usé de ce droit pour ce qui me concerne, je puis en toute liberté prendre ma revanche. Que s'est-il passé chez vous depuis que j'ai quitté Cauterets?

— Rien que de bien ordinaire, allez, fit l'époux de Mathurine. Notre manière de vivre pendant votre absence n'a pas changé. Dans nos montagnes, c'est toujours la même chose: l'hiver, couper du bois dans la forêt; faire paître le troupeau dans la vallée, lorsque le temps est beau; le printemps, soigner la petite récolte à venir, et mener, après la fonte des neiges, le bétail pâturer dans la montagne; l'été, serrer le foin, le maïs et l'orge, tondre les moutons, parquer les chèvres et les brebis sur les hauts plateaux ; l'automne, ramasser la pomme de terre, notre mère nourricière, les quelques fruits épargnés par la bise, travailler nos fromages, en un mot faire nos provisions pour la saison mauvaise. Voilà pour l'ensemble. Maintenant, pour les détails, ils vous sont connus, à vous enfant de nos montagnes : le travail depuis le lever jusqu'au coucher du soleil pendant six jours de la semaine ; le repos et la prière dans le temple du Seigneur le dimanche.

— Mais encore, quelques incidents n'ont-ils pas rompu la monotonie de votre existence pendant ces quatorze ans ?

— A part une maladie assez grave de Mathurine dans l'année qui suivit votre arrivée en Afrique, et une chute de Joseph près de la cascade du Cérizet, chute qui l'a retenu trois mois au lit, tout s'est passé comme d'habitude.

— Dans tes lettres, Joseph, tu ne m'as jamais dit un mot de cette maladie et de cette chute ?

— Que veux-tu, je t'aurais attristé sans adoucir notre position ; il valait mieux taire ces circonstances.

— C'est mal à toi de m'avoir caché vos souffrances ; j'en aurais pris ma part, et par là je vous en aurais allégé le fardeau. Et puis il y a eu des hivers rigoureux, des années de disette ; je ne l'ai jamais su par vous. Une fois par hasard, j'ai été informé de votre détresse....

— Et vous vous êtes empressé, dit le vieillard, de nous envoyer de l'argent, une somme rondelette prélevée sur votre modique solde. Cet envoi nous a été d'un grand secours ; mais le bien moral que cette offrande a produit en nous a surpassé de beaucoup le bien-être matériel qu'elle nous a procuré ; car nous nous disions, et c'était un puissant soulagement à nos afflictions : Nous souffrons de dures privations, mais nous ne sommes pas abandonnés de nos semblables ; il y a là-bas, loin de la France, un ange qui veille sur nous, un cœur qui bat à l'unisson du nôtre. Si notre misère devient trop pressante, nous nous adresserons à notre bon génie, il trouvera le moyen de nous venir en aide. Vous ne vous figurez pas combien cet espoir de s'appuyer sur une main amie donne de courage à supporter les coups de la fortune. Ce n'est pas tout. Pendant le temps que notre Joseph n'a pas pu travailler, nous avons eu de fréquentes visites de la providence de l'indigent, du bon curé de Cauterets. Le digne ecclésiastique, durant cette pénible épreuve, n'est jamais venu à la chaumière sans y apporter quelque chose, du bouillon pour le malade, du sucre, du vin, de l'argent. Mais si je suis simple d'esprit, Julien (laissez-moi vous appeler Julien tout court, n'êtes-vous pas pour moi un second fils?), si je suis simple d'esprit, je ne suis pas assez dénué de sentiments pour être égoïste. Je savais que notre excellent curé avait des ressources bornées, que le nombre des malheureux à secourir était considérable, et alors je ne me plaignais pas toutes les fois que le besoin nous tourmentait; tout au contraire, je m'appliquais à cacher à notre bienfaiteur notre dénûment, et j'éprouvais une grande consolation à l'idée que mon sacrifice profiterait à un de mes frères nécessiteux.

— Pauvre Mathurine! pauvre père! pauvre Joseph! vos souffrances vont finir.

— Oh! nous ne manquons de rien à présent, reprit la ménagère. Avec la santé est revenu le travail, et avec le travail l'aisance est rentrée dans la chaumière.

— Tant mieux, repartit Julien. Mais j'ai pris mes mesures pour que semblable malheur n'arrivât plus. Depuis que je suis officier, j'ai pu réaliser des économies, étant presque toujours en campagne, et vous savez que la solde de campagne est plus élevée. En arrivant à Pierrefitte, j'ai vu le notaire; je me suis informé s'il n'y avait pas quelques lopins de terre à vendre à Cauterets; j'ai été assez heureux pour trouver mon affaire, et, séance tenante, j'ai acheté et payé en votre nom le champ et le pré qui touchent à votre demeure. Il y en a quatre hectares ; c'est tout ce qu'il faut pour vous occuper tous les trois et vous faire vivre paisiblement. Quand je serai plus riche, j'aviserai à augmenter votre petite propriété.

— Nous ne prêterons pas la main à votre spoliation, Julien, reprit le vieillard.

— Certainement non ; vous êtes trop délicats ; vous vous prêterez seulement à une restitution, à l'accomplissement d'un acte de justice.

— Comment cela ?

— C'est tout simple. Grâce à Joseph, j'ai pu amasser quelques milliers de francs ; il a participé à l'édification de ma modeste fortune, il se trouve mon associé, et par conséquent il a droit aux bénéfices de l'association.

— Ton raisonnement n'est pas soutenable, dit Joseph ; pour qu'il y ait association, il est juste qu'il y ait participation aux charges comme aux avantages ; or, je ne sache pas avoir versé mon sang, risqué ma vie, ainsi que toi....

— Pure subtilité, mon cher Joseph, pure subtilité, excès de délicatesse ! D'ailleurs, ton argumentation est complètement inutile. J'avais prévu vos refus, vos objections. Ce qui est fait est fait, il n'est plus temps de revenir là-dessus ; bon gré mal gré, vous accepterez la restitution.

Le vieillard, Mathurine et Joseph représentèrent au montagnard qu'il leur était impossible d'accepter dans de semblables conditions ; que si l'objet eût été d'une valeur moins considérable, ils se seraient peut-être décidés à le prendre à titre de dépôt, de prêt....

— Qu'à cela ne tienne, répliqua le montagnard. Prenez, et vous me rendrez plus tard, si j'en ai besoin. Mais je mets comme clause expresse à cette transaction, qu'il ne sera parlé de restitution que lorsque j'en ferai la demande.

Julien paraissait si heureux du bien-être qu'il procurait à ses amis de la chaumière, qu'il y aurait eu véritablement de la cruauté à lui résister plus longtemps.

— Puisque vous le voulez absolument, fit le vieillard, il faut bien vous obéir.

— Enfin! répondit le montagnard tout joyeux et comme soulagé d'un poids immense. C'est convenu. Vous cultivez les lopins de terre, moi je reste avec vous un semestre ; après quoi je retourne en Afrique. Pendant mon absence, vous prierez Dieu pour moi. Lorsque l'heure de la retraite aura sonné, je reviens à Cauterets, mais cette fois pour ne plus le quitter ; je m'installe chez vous, et nous attendons tranquillement ensemble le jour du grand départ.

— Ces magnifiques projets sont réalisables pour vous et pour Joseph, fit le vieillard ; mais pour Mathurine et moi, c'est autre chose. Soixante-dix hivers se sont accumulés sur nos têtes ; nous nous inclinons déjà vers la tombe.

— Ayez donc plus de courage, reprit Julien. Vous dépasserez votre siècle. Le Seigneur est trop bon pour moi ; il ne me refusera pas cette dernière faveur.

— Ainsi soit-il, dit Mathurine.

— Mettons notre confiance en la Providence, ajouta Julien, et le matin à notre réveil, et le soir en nous livrant au repos, disons : Tout pour Dieu, tout par Dieu.

CONCLUSION.

Julien passa six mois à Cauterets dans un calme profond, employant ses heures de loisir à visiter et à soulager les pauvres. Notre héros, dans cette vie intime de la famille, apprécia davantage les vertus solides de ses parents d'adoption ; les liens qui l'unissaient au vieillard, à Mathurine et à Joseph, se resserrèrent par ce commerce quotidien ; et lorsqu'il dut retourner en Afrique, le montagnard éprouva un véritable chagrin.

Au commencement de l'année 1857, il fut élevé au grade de lieutenant-colonel.

Aujourd'hui, le remplaçant de Joseph compte parmi les officiers supérieurs les plus distingués de l'armée d'Algérie. Le protecteur de Julien, le général N***, est rentré dans la vie privée. Le joyeux Goliath et le tambour continuent à gagner des prosélytes aux principes moraux et religieux semés par Julien dans l'armée d'occupation. Mathurine, son époux et Joseph voient fructifier de jour en jour la petite propriété dont les dota la munificence du montagnard reconnaissant. Les deux vieillards supportent avec vigueur leur verte vieillesse, Joseph jouit d'une santé exubérante. Verront-ils se réaliser les projets de Julien ? A cette question, Dieu seul peut répondre ; il ne nous est pas donné de sonder ses desseins. Contentons-nous d'espérer.

FIN.

TABLE.

	PAGES.
AVIS AU LECTEUR.	7
I. — Chagrin de Famille.	9
II. — Le Dévouement.	16
III. — Suites heureuses d'un Coup de Bâton.	24
IV. — A Marseille.	36
V. — En Mer.	61
VI. — Les trois premiers Mois du Conscrit.	78
VII. — La Charité chrétienne.	89
VIII. — Une Expédition chez les Hachems et dans les Tribus de l'Ouaransenis.	108
IX. — La Prière et les bonnes Mœurs.	125
X. — Journée d'Isly. — Insurrection du Dahra. — Bou-Maza.	145
XI. — Le sous-lieutenant Julien chez les Ouled-Naïls. — Mœurs arabes.	169
XII. — Le sous-lieutenant Julien chez les Ouled-Naïls. — Mœurs arabes. (Suite.).	191
XIII. — Avant-dernière Étape. — Julien lieutenant, puis capitaine, puis chef de bataillon.	212
XIV. — Coup d'œil rétrospectif. — Retour à Cauterets.	236
CONCLUSION.	253

FIN DE LA TABLE.

ROUEN. — Imp. MÉGARD et Cie, rue Saint-Hilaire, 136.

www.ingramcontent.com/pod-product-compliance
Lightning Source LLC
Chambersburg PA
CBHW050337170426
43200CB00009BA/1636